W0088954

TANJA WENZ • Mit Wind unter den Flügeln

TANJA WENZ

Mit Wind unter
den Flügeln

Von Frauen des Glaubens, die die Kirche bewegten

 neukirchener

INHALT

PROLOG

REGLOS SITZT ER DA, *hoch in den Wipfeln einer Tanne.*
Er hört einen Ruf. Langsam dreht der Falke seinen Kopf, blickt
in alle Richtungen. Dieser Ruf ist mächtig. Er zieht ihn, leitet
ihn. Er lauscht. Dann weiß er, was zu tun ist. Deutlich liegt
sein Weg vor ihm. Mit einem Ruck drückt er sich vom Ast der
Tanne ab und erhebt sich in den klaren Himmel.
Wind rauscht unter seinen Schwingen und trägt ihn über die
Lande. Auf seiner Reise durch Zeit und Raum späht der Fal-
ke mit scharfen Augen nach unten, auf eine Welt, die ihm mal
fremd und mal vertraut vorkommt. Er überfliegt dichte Wälder,
große Städte, steinerne Brücken, azurblaue Meere und mäan-
dernde Flüsse.
Er gibt sich ganz der Führung seines Herzens hin, das deut-
lich den Ruf vernimmt, immer noch, immer mehr. Er führt den
Falken in ferne Länder und vergangene Zeiten, immer auf der
Spur besonderer Frauen, die in ihrem Leben etwas bewegten.
Er weiß, jede dieser Frauen hat einen einzigartigen Lebensweg
beschritten, ist durch ihren Mut, durch ihren Glauben und vor
allem durch ihr Handeln zu einem Vorbild für viele Menschen
geworden. Mit seinen scharfen Augen betrachtet er ihre Welt, ist

stiller Beobachter, Begleiter aber auch Führer. Gerade das, was er sein muss. Er nimmt Kurs auf sein erstes Ziel ...

WISSENSWERTES   Schon immer faszinierten Raubvögel die Menschheit. So steht beispielsweise der Adler für Stärke, Mut und ewiges Leben. Er wird weltweit mit Göttern in Verbindung gebracht. Der Falke steht ihm in dieser Beziehung in nichts nach. Er ist ein wendiger, kraftvoller Vogel, intelligent und mit scharfem Blick. Mehrere falkengestaltige Gottheiten existieren in der ägyptischen Mythologie [Horus (Himmel), Re (Sonne) und Chons (Mond)]. Er hat auch als Symbol der Pharaonen große Bedeutung. In der nordischen Mythologie trägt Freya ein Falkengewand. Mit ihm kann sie sich angeblich wie ein Falke durch die Lüfte bewegen oder sich gar in einen solchen verwandeln. Bei den Kelten zählte er als Botschafter zwischen dem Diesseits und dem Jenseits. Sokol wird er in der slawischen Mythologie genannt. Er ist eine Gestalt der Sonne und des Lichtes. Auch ist er bekannt für seinen Mut, seine scharfen Augen und seine Fähigkeit, in kürzester Zeit große Distanzen zu überwinden. Er wird auch als Vogel der Krieger bezeichnet oder gar als Figur, in die sich russische Männer verwandeln, denen eine schwierige Aufgabe bevorsteht.

ÜBRIGENS: Der Wanderfalke ist im Sturzflug mit 322 gemessenen km/h das schnellste Tier auf der Welt.

RADEGUNDIS:
Königin des Frankenreiches

»Jesus Christus war und ist immer mein Ansporn, er ist meine
große Liebe. Alles andere interessiert mich nicht!«

DER FALKE *hat sein erstes Ziel in den Blick genommen. Sein
Weg ist weit, doch er sieht es klar vor sich. Nach langem Flug
erreicht er schließlich Poitiers und überfliegt ein großes Klostergelände. Nach nur wenigen Augenblicken findet er, wonach er
suchte. Im weitläufigen Klostergarten geht eine Frau umher. Sie
ist schlank und bewegt sich katzengleich. Sanft landet der Falke
auf dem höchsten Turm des Klosters.*

Radegundis geht im Klostergarten auf und ab. Sie nimmt
sich eine Stunde für die Kontemplation. Normalerweise
hätte sie heute Dienst im Krankenraum, denn heute ist der
Tag, an dem die Aussätzigen von Poitiers ins Kloster kommen und versorgt werden. Es sind die Menschen, die sonst
nirgendwo Zuspruch oder gar Pflege bekommen, doch Ra-

degundis versorgt diese gern und sie entlässt keinen ohne Kuss.

Eine Mitschwester hatte sie darauf einmal angesprochen und entsetzt gefragt: »Wie könnt Ihr diese Menschen küssen? Kein anderer wird Euch mehr den Kuss darbieten, wenn er wüsste, dass Ihr Aussätzige küsst.«

Radegundis hatte ihr ganz eigenes Lächeln gelächelt, ein Lächeln voll liebenswerter Güte, aber auch Überlegenheit und Ironie, hatte ihre grünen, blitzenden Augen auf ihre Mitschwester geheftet und geantwortet: »Nun, da Ihr mir diese Frage stellt, frage ich mich gerade, ob ich Euch noch den Kuss darbieten möchte.«

Mit diesen Worten hatte sie ihre Mitschwester im Hospiz stehen lassen, während diese ihr nur sprachlos hinterher schauen konnte.

Ihre Schritte werden langsamer, ihr Gang ruhiger, sie blickt zum Klostergebäude hinüber und wartet. Nun, die Meinung von anderen hat Radegundis noch nie interessiert. Sie ist immer ihren eigenen Weg gegangen, zumindest soweit ihr das als Frau möglich gewesen ist. Wen sollte sie auch um Rat fragen? Obwohl sie schon so lange im Frankenreich lebt, gibt es kaum einen Menschen, dem sie vertraut. Von Venantius einmal abgesehen. Aber auch er stammt ja nicht aus Poitiers, sondern aus Venetien.

Radegundis hat kaum noch Erinnerungen an ihre alte Heimat Thüringen oder an ihre Eltern. Sie weiß, dass ihre Mutter schon früh bei der Geburt ihres Bruders gestorben ist und ihr Vater von ihrem Onkel ermordet wurde, als sie noch ein ganz kleines Mädchen gewesen war. So zumindest erzählte man es sich hinter vorgehaltener Hand. Offen gesprochen hat niemand mit ihr darüber. Aber das ein oder andere hat sie trotzdem mitbekommen.

Ihr erging es am königlichen Hof ihres Onkels nicht schlecht. Dort lernte sie Lesen und Schreiben und manches mehr. Der Weg dahin war aber gesäumt von Krieg, Tod und Leid. Sie schüttelt sich leicht, als sie daran denken muss. Es sind keine schönen Erinnerungen, die sie an diese Zeit hat. Überall lagen Tote und Verletzte herum. Pferde wieherten in Panik. Ein schrecklicher Anblick. Sie und ihr Bruder wurden von Chlothar I. in sein Reich an die Somme verschleppt, in das ihr völlig fremde Frankenreich. Chlothar I., ihr Ehemann, den sie heiraten musste, obwohl sie nie heiraten wollte. Chlothar I., Frankenkönig, Chlothar I., Brudermörder. Wieder durchfuhr sie ein kalter Schauer. Chlothar, vor dem sie geflohen war und der sie verfolgen ließ.

Es war eine gewaltige Umstellung für Radegundis, denn sie musste eine neue Sprache lernen und sie hatte alles verloren, was sie kannte und liebte. Bis auf ihren Bruder. Aber sie hatte auch Neues kennengelernt. Das Wertvollste darunter war wohl der christliche Glaube, Jesus Christus, dem sie folgte. Der ihr Trost spendete und sie auf einen ganz anderen Weg als bisher führte. Vergessen waren die heidnischen Götter, nun zählten nur noch Jesus Christus und das Reich Gottes. Voller Liebe dachte sie an die Gebete zu ihm, die Gemeinschaft mit anderen Christen. Sie hatte beschlossen, ihr Leben Gott zu weihen und nicht zu heiraten.

Noch immer wird sie rot vor Zorn, wenn sie daran denken muss, dass es Chlothar I. war, der ihr einen Strich durch die Rechnung machte. Chlothar, immer wieder Chlothar, denn er begehrte sie zur Frau, besser gesagt er begehrte ihre thüringischen Erbansprüche, die sie noch immer hatte. Ihr Blick wird etwas milder. Nun ja, sie hat das Beste aus ihrer Ehe gemacht, da ist sie sich sicher.

Die Rosen im Spalier verströmen ihren betörenden Duft und holen Radegundis aus ihren Erinnerungen zurück. Sie bleibt stehen und genießt eine Weile die wärmende Sonne. Wann endlich kommt Venantius? Venantius Fortunatus, der Priester des Klosters, Berater, Freund und Glaubensgenosse. Er hat vor, zu ihr zu kommen, um Briefe mit ihr zu besprechen. Der gute Venantius! Es ist ihr immer eine Freude, mit ihm zu plaudern. Nicht nur über die Briefe an hochgestellte Persönlichkeiten, sondern auch ganz allgemein über das Leben innerhalb und außerhalb der Klostermauern. Wenn sie es recht bedachte, war es oft ein richtiger Tratsch, den sie zusammen abhielten. Doch gerade das tat so gut! Venantius hatte aber auch die wunderbare Gabe, andere Menschen parodieren zu können. Es war so herrlich, wie er die näselnde Stimme der Äbtissin im Kloster Metz nachahmte oder den Gang ihres Gemahls Chlothar. Wie er den Zeigefinger auf eine bestimmte Art beim Reden oder Rezitieren hob, wedelte und senkte. Radegundis hatte oft Tränen gelacht. Das Schöne an der Freundschaft und Vertrautheit zu Venantius war, dass sie beide schweigen konnten wie ein Grab. Wenn sie über König Chlothar oder über die neue Äbtissin im Kloster witzelten, blieb das alles unter ihnen. Sie vertrauten sich blind, und das war einmalig. Keinem anderen Menschen würde sie so viel von sich anvertrauen.

Radegundis lächelt wieder still in sich hinein. Auch

eine Frau hat ihre Macht. Sie braucht dafür keine Waffen, keine Pferde und kein Gold. Sie muss nur eine gute Menschenkenntnis haben und die richtigen Hebel ansetzen und schon bekommt eine Frau, was sie begehrt, in ihrem Fall ein eigenes Kloster. Obwohl der Prozess bis hierhin, wie sie zugeben muss, doch etwas langwieriger war als sie gehofft hatte, denn Chlothar ist in der Tat etwas schwer von Begriff. Sicher liegt es daran, dass er schon betagt an Jahren ist und das war ja auch schon so gewesen, als sie ihn hatte heiraten müssen.

Aber letztlich hatte sie ihn dahin bekommen, wohin sie ihn haben wollte, nämlich außerhalb ihres Bettes. Anscheinend musste sie auf ihn eine geradezu betörende Anziehung ausgeübt haben, obwohl sie dazu selber nie aktiv Anlass gegeben hatte. Sie hatte nie, wirklich niemals heiraten wollen und hatte das auch vehement kundgetan. Chlothar jedoch hatte sie gezwungen. Vielleicht war es ihre innere Unabhängigkeit, die er so geschätzt hatte, redete sie sich manchmal ein, wenn sie es in den wenigen Minuten ihres gemeinsamen Lebens gut mit ihm meinte, oder aber ihr Erbe, oder ihr frisches Fleisch, wenn sie es nicht gut mit ihm meinte. Gerade diese Unabhängigkeit wurde ihm eines Tages zum Verhängnis.

Radegundis Lächeln wird hart, als sie daran denkt, dass er meinte, mit ihr sein übliches Machtspiel spielen zu können und darüber hinaus mit ihren Mitmenschen verfahren zu können, wie es ihm beliebte. Er hat wohl nicht damit gerechnet, dass der Mord an ihrem Bruder sie veranlassen würde, das Weite zu suchen.

Radegundis nimmt ihren Gang über das Klostergelände

wieder auf, lässt den Duft der Rosen hinter sich. Sie weiß noch genau, wie erstaunt sie war, als Chlothar sie dann verfolgen und suchen ließ und sie anflehte, zu ihm zurückzukehren. Doch diese Sentimentalität hatte sie keine Sekunde zu einer Umkehr bewogen. Sie lächelt bei diesen Gedanken immer noch, als sie endlich Venantius auf sich zukommen sieht.

»Zu dir wollte ich gerade«, sagt sie verschmitzt, und ihre grünen Augen blitzen vor Belustigung. »Mein Herz wurde etwas ungeduldig und wollte nicht mehr warten, bis du kommst. Da hätte ich sogar die kalten Mauern des Klosters in Kauf genommen.«

Venantius strahlt übers ganze Gesicht. »Ach, ich denke, es ist schöner, wenn wir uns hier im Garten die Beine vertreten. Das Wetter ist einfach herrlich und hier draußen gibt es weniger Ohren und Augen, die mitlauschen oder sehen können.« Auch er lächelt verschmitzt.

»Nur der Falke dort oben«, lacht Radegundis und zeigt auf den höchsten Turm. »Woher er wohl kommt?«

»Wohin er wohl fliegt?« Beide sehen sich voller Vertrautheit an und lächeln.

Radegundis liebt diese kleinen Neckereien, und sie liebt den Sommer und die Wärme. Seite an Seite gehen sie die schmalen Wege entlang. Das Besondere an Venantius ist, dass sie auch mal gemeinsam schweigen können. Es ist dann kein unangenehmes Schweigen, sondern ein stilles Einvernehmen zwischen verwandten Seelen. Reden können viele Menschen, aber Schweigen nur die wenigsten. Beide müssen sich nun etwas aneinanderdrücken, denn die Wege sind nicht überall dafür gedacht, zu zweit nebeneinander auf ihnen zu wandeln. Überhaupt sind sie nicht dazu gedacht, auf ihnen voller Muße zu wandeln. Die Arbeit im Kloster steht an erster Stelle und das Wandeln ist ein Luxus.

Aber Radegundis sieht das etwas anders: Wer viel betet, viel fastet, Kranken hilft und die niedersten Arbeiten im Kloster verrichtet, darf manchmal im Garten wandeln. Natürlich würde sie das nie zu ihren Nonnen sagen, aber für sich selbst findet sie so einen Spazierganz ganz legitim. Für sie ist auch das ein Dienst für Gott. Hier wird sie ganz still im Gebet. Hier begegnet sie ihm ganz persönlich.

Die Gespräche mit Venantius reiht sie da mit ein. Schließlich müssen die Gedanken auch einmal fließen dürfen und sich nicht nur auf die Arbeit konzentrieren. Denn Gedanken können sich auf diese Art und Weise weiterentwickeln und manchmal eine ganz bestimmte Form annehmen.

»Venantius, weißt du noch, wie ich in Noyon die Idee zu diesem Kloster hatte? Wie ich den Plan entwickelte, das erste Frauenkloster im Frankenreich zu gründen?«, fragt sie ihn unvermittelt.

Ihr Freund nickt mit dem Kopf und antwortet: »Ich war zwar nicht dabei, weil ich ja erst später in dein Leben getreten bin, aber ich habe es von anderen gehört, und auch du hast mir schon davon berichtet. Doch das hat mich, als ich es dann hörte, stark beeindruckt. Deine Haltung und Gradlinigkeit.«

Radegundis blickt ihn direkt an und für einen kurzen Augenblick ist da ein tiefes Verständnis zwischen ihnen. Radegundis nickt leicht mit dem Kopf. Schon manches Mal hatte sie geglaubt, in Venantius' Augen einen verborgenen

Schatten einer ungestillten Leidenschaft zu entdecken. Nur ein kleiner Funke davon, doch nie so viel, dass es ihr unangenehm wurde. Aber sie glaubte fest, wenn er kein Priester geworden wäre, sondern geheiratet hätte, dann hätte er sich ganz sicher für eine Frau wie sie selbst es war entschieden.

Als hätte er ihre Gedanken gelesen, sagt er nun lächelnd: »Du hast mich erwischt. Es ist deine Schönheit, die mich fasziniert, oh Holde, und die Art, wie du dich bewegst. Deine starke Ausstrahlung, Blume der Somme, die fast eine magische Anziehung auf mich ausübt.« Durch die leicht dahingesprochenen Worte wird es nie schwer zwischen ihnen. »Und übrigens auch auf die meisten Menschen, die dir begegnen«, setzt er hinzu, »auch wenn du selbst das nie siehst oder wahrhaben willst, weil dich das schnöde Weltliche nicht zu interessieren scheint.«

»Jesus Christus war und ist immer mein Ansporn«, erwidert Radegundis leise, »er ist meine große Liebe. Alles andere interessiert mich nicht!«

»Das weiß ich«, sagt Venantius, »obwohl es dich nicht davon abgehalten hat, einen weitreichenden Briefwechsel mit allen möglichen Persönlichkeiten zu führen, geistlich …« Er macht eine kleine Pause und fährt dann fort: »… wie auch weltlich. Du bist eine beliebte Briefpartnerin, von manchen sicher etwas gefürchtet, denn du bist überaus schlagfertig und nimmst nie ein Blatt vor den Mund.«

»Du sagst das so, als sei dies etwas Wunderbares«, meint Radegundis nachdenklich, »doch das verschaffte mir nicht immer nur Freunde, wie du genau weißt.«

»Dennoch«, sagt Venantius mit Nachdruck, »ich bleibe dabei. Ich habe das sichere Gefühl, dass das Christentum im

Frankenreich durch dein Charisma und deine Gläubigkeit
fester in den Gedanken und Handlungen vieler Menschen,
besonders auch der Mächtigen, verankert worden ist.«
Radegundis räuspert sich. Sie weiß genau, dass Venantius auf Chlothar anspielt. »Weißt du, Venantius, Chlothar
ist kein ganz so schlechter Mensch wie ich zuerst gedacht
habe, oder alle anderen das meinen. Er ist sehr gläubig und
hat mich selbst immer in meinem Glauben bestärkt. Auch
wenn ich mehr Nonne als Ehefrau für ihn war, hat er mich
stets gut behandelt. Wenn unsere Dienerschaft schlecht
über mich gesprochen hat und Freunde und Verwandte die
Nase gerümpft haben, weil ich die Fleischschüsseln wort-
los weitergereicht und nichts davon genommen habe, hat er
mich stets vor ihnen verteidigt.«
Venantius zieht die Stirn kraus und überlegt: »Vielleicht
hatte er Angst vor der Strafe Gottes, wenn er seine Frau
nicht unterstützt in ihrem Glauben.« »Wer weiß, aber nur
durch ihn habe ich die nötigen Geldmittel bekommen, um
das Kloster verwirklichen zu können«, erwidert Radegundis. »Als er endlich verstanden hat, dass ich nicht zu ihm
zurückkehren, sondern eine Braut Christi werden würde,
hat er viele Hebel in Bewegung gesetzt, um mich zu unterstützen.«
»Manchmal redest du zu gut von ihm«, sagt Venantius
ernst, »du weißt sehr wohl, dass dein Mann durchaus seine
grausamen Seiten hat. Da er sie dir persönlich gegenüber
aber oft nicht zeigt und sich fast immer zivilisiert verhält,
scheinst du das manchmal zu vergessen.«
»Nicht zu vergessen, lieber Venantius«, sagt Radegundis
mit Nachdruck, »aber zu verzeihen. Ich rechne es Chlothar

tatsächlich hoch an, dass er sich mir gegenüber stets höflich verhalten hat, denn das ist, nachdem ich kinderlos blieb, keine Selbstverständlichkeit.«

Venantius verlangsamt seine Schritte und bleibt stehen. Neugierig fragt er: »Und wie hat Chlothar reagiert, als du Agnes, eure Adoptivtochter, als Äbtissin eingesetzt hast? Über diesen Punkt haben wir noch nie gesprochen.«

»Agnes ist ein Juwel«, antwortet Radegundis mit Liebe in der Stimme, »sie ist eine überaus liebreizende junge Dame und sicher hätte Chlothar sie gut mit dem Sohn eines benachbarten Königshauses vermählen können. Darauf spielst du sicher an, nicht wahr, mein Freund? Du wunderst dich bestimmt, dass Chlothar seine Tochter einfach so ziehen ließ.«

»Du liest in mir wie in einem offenen Buch«, lacht Venantius, der nicht zum ersten Mal denkt, dass Radegundis ihn mit ihren grünen, leicht schrägstehenden Augen an eine Katze erinnert. Die Antwort erstaunt ihn. »Darüber habe ich auch immer wieder nachgedacht. Obwohl Agnes nicht seine Tochter dem Fleische nach ist, liebt er sie sehr. Sie wollte ihr Leben schon immer Gott weihen und er wusste, dass er gegen ihren Willen handeln würde, sollte er sie zu einer Heirat zwingen. Außerdem hat er schon bei mir gemerkt, dass es einer Ehe nicht zuträglich ist, wenn sie gegen den Willen der Frau geschlossen wird. Nein, er hat sie traurigen Herzens, aber mit seinem Segen dem Kloster überlassen.« Erneut kommen beide an den Rosen vorbei. Der süße Duft hüllt sie ein.

»Ich bin meinem Mann dafür sehr dankbar«, ergreift sie erneut das Wort, »denn so weiß ich eine Person meines Vertrauens an der Spitze meines Klosters. Und Agnes macht sich wirklich gut. Das Kloster erhält regen Zuspruch und mittlerweile ist es auf fast 200 Nonnen angewachsen. Eine beachtliche Zahl für die kurze Zeitspanne von der Gründung bis zum heutigen Zeitpunkt, meinst du nicht?«

»Warum hast du den Vorsitz über das Kloster nicht selbst übernommen?«

Ihre großen grünen Augen bohren sich in seine. »Wie kann ich das? Gibt es keine bessere Berufung als den Dienst an Kranken? Hilfst du einem Armen, so hilfst du mir, hat Christus gesagt. Wer sich selbst erniedrigt, der wird erhöht werden, Venantius, das kann dir doch nicht entfallen sein?« Sie lacht ihr glockenhelles Lachen.

»Auch wenn ich als thüringische Prinzessin aufgewachsen bin und nach meiner Verschleppung am königlichen Hofe in Reichtum und Luxus lebte«, fährt sie fort, »bin ich doch nicht glücklicher in Reichtum gewesen als hier in Armut. Ich habe keine königlichen Gewänder oder Macht nötig, um glücklich zu sein. Ich bin eine Dienerin Gottes.«

»Ich glaube, das ist der Grund, warum dir so viele Frauen ins Kloster folgen«, sagt Venantius anerkennend und voller Stolz, »und warum die großen Persönlichkeiten im Frankenreich mit dir Briefe wechseln. Du verkörperst für viele das lebendige Christentum in seiner reinsten Form.«

»Apropos Briefe«, sagt Radegundis und versucht durch den Themenwechsel von ihrer Verlegenheit abzulenken, »lass uns die Korrespondenz nach einem Gebet besprechen. Nicht mir gebührt so viel Lob, sondern Gott allein.«

Seite an Seite gehen sie in die Klosterkirche für ein gemeinsames Gebet. Aus den Augenwinkeln sieht Radegundis, wie der Falke sich erhebt.

—————————————————

DER FALKE *sieht die Frau und den Mann in der Klosterkirche verschwinden. Er drückt sich mit den Beinen vom Gemäuer ab und breitet seine Schwingen aus. Unter ihm liegt das Städtchen Poitiers, das von dem Flüsschen Clain in zwei Hälften geteilt wird. Dann dreht er ab und fliegt davon. Er hat ein neues Ziel.*

STECKBRIEF: RADEGUNDIS (KÖNIGIN DER FRANKEN)

Um 520	Geburt bei Mühlburg nahe Gotha
531	Verschleppung nach Neuestrien bei Péronne
540	Erzwingung der Heirat mit König Chlothar
550	Chlothar lässt Radegundis' Bruder ermorden – sie flieht
556	Aussöhnung mit Chlothar
558	Gründung eines eigenen Frauenklosters »Sainte-Marie-hors-les-Murs«
561	König Chlothar I. stirbt
Ab 565	Schriftsteller, Dichter und Priester Venantius Fortunatus lebt in Poitiers und ist über 20 Jahre Radegundis' Vertrauter und Freund
569	Der byzantinische Kaiser spendet einen Splitter des heiligen Kreuzes für ihr Kloster
587	Radegundis stirbt in Poitiers im Frankenreich und wird in der Klosterkirche beerdigt
19. Jh.	Heiligsprechung
1887	Papst Leo XIII. stiftet eine goldene, mit Edelsteinen geschmückte Krone, diese trägt die Statue der Heiligen im Dom von Poitiers
1987	1400. Todestag: Errichtung eines Gedenksteins an der Kapelle zur Mühlburg

<u>WISSENSWERTES</u> Radegundis entstammte einem alten thüringischen Adelsgeschlecht. Nach dem Sieg des Frankenkönigs Chlothar I. über die Thüringer wurde sie als 11-Jährige zusammen mit ihrem Bruder in das Land der Franken verschleppt. Hier wurde sie fortan christlich erzogen und lernte Latein. Gegen ihren Willen musste sie Chlothar I. heiraten, der schon früh um sie geworben hatte. Fortan war sie Königin an seinem Hofe, lebte aber asketisch und ernährte sich vegetarisch. Da die Ehe kinderlos blieb, adoptierten sie ein Mädchen, das sie Agnes nannten. Radegundis wurde am königlichen Hof bespöttelt, da sie eher wie eine Nonne lebte denn als Königin. Als Chlothar ihren Bruder ermorden ließ, floh sie. Er wollte sie zurückgewinnen, sie aber weigerte sich. Später versöhnten sie sich, sodass sie mit seiner Hilfe das erste Frauenkloster in Frankreich gründete. Sie kehrte nie an den Hof zurück. Ihr engster Vertrauter war Venantius Fortunatus. Er war Dichter, Musiker und Literat. Später wurde er Bischof von Poitiers. Als Äbtissin setzte Radegundis ihre Adoptivtochter Agnes ein. Radegundis blieb zeit ihres Lebens ihrer asketischen Gesinnung treu. Sie betete viel, schlief und aß wenig. Außerdem versah sie die niedrigsten Dienste im Kloster und kümmerte sich intensiv um Kranke, besonders um die Aussätzigen, deren Schutzpatronin sie wurde. Ihr Gedenktag ist der 13. August.

<u>ÜBRIGENS:</u> Zwischen 532-537 wurde die Hagia Sophia, die Sophienkirche, in Konstantinopel, dem heutigen Istanbul gebaut. Sie gilt als eines der bedeutendsten Gebäude aller Zeiten und wurde lange als Museum genutzt.
Heute ist sie zu einer islamischen Moschee umgewidmet.

JUTTA VON SPONHEIM:
Himmel oder Hölle?

»Was soll ich nur machen?
Wo ist mein Weg, was hat Gott mit mir vor?«

SEINE REISE *hat ihn weit getragen, die Winde unter seinen Flügeln werden kälter. Erster Frost liegt in der Luft. Der Falke umfliegt die gigantischen Mauern einer riesigen Kirche. Dann schwenkt er zum Klostergarten des Frauenkonventes, der danebenliegt, und lässt sich auf einem großen Baum nieder. Von hier hat er einen guten Blick in den Garten.*

Jutta kniet im Untergewand im Klostergarten, die Hände zum Gebet gefaltet, den Kopf gesenkt. Ein eisiger Wind fegt die letzten Blätter von den Bäumen und treibt sie vor sich her. Juttas Hände und Füße sind blau verfärbt, alles Blut ist aus ihnen gewichen, doch sie bemerkt es gar nicht. Der Boden ist gefroren und das Gras ist mit einer dünnen Eisschicht überzogen.

»Mutter, es wird Zeit hineinzugehen!«

Jutta reagiert nicht, und Pauline ist sich gar nicht sicher, ob sie überhaupt ihr Rufen gehört hat.

»Komm, das bringt doch nichts, das weißt du doch«, erinnert Clementina. »Sie ist so tief in der Versenkung, dass sie dich nicht hören wird, egal wie laut du nach ihr rufst. Außerdem tut der stürmische Wind sein Übriges. Wir helfen ihr einfach hoch und bringen sie in ihre Kammer.«

Pauline nickt, und so greifen sie, eine rechts und die andere links, Jutta unter die Schulter und ziehen sie vom Boden hoch. Jutta erschrickt und wehrt sich. Sie hatte doch erst eine Stunde hier draußen gesessen, bis Mitternacht wollte sie hierbleiben.

»Was macht ihr? Lasst mich!«, herrscht sie ihre beiden Mitschwestern an. Doch diese lassen sich nicht beirren, zu oft haben sie in letzter Zeit ihre Magistra nachts aus dem vereisten Garten zurück in die Kammer geholt. Juttas Füße sind gefühllos vor Kälte und so wird sie von den beiden Nonnen mehr getragen als dass sie selber geht. Aber da sie kaum noch etwas wiegt, ist das leicht zu schaffen. Außerdem hat Jutta keine Kraft, sich zu wehren. Sanft aber bestimmt führen die Schwestern sie in ihre Kammer und legen Jutta auf ihr Bett. Liebevoll decken sie sie zu.

»Warum macht sie das bloß immer? Will sie denn nicht mehr leben? Oder will sie ihr Leben verkürzen und nicht mehr bei uns bleiben?«, fragt Pauline traurig.

Da tönt aus der Ecke des Raumes eine klare Stimme: »Schweigt, eure Magistra hat ihre Gründe und die gehen euch nichts an.«

Die beiden jungen Nonnen senken demütig ihre Köpfe

und ziehen sich zurück. Hildegard tritt aus dem Schatten heraus und setzt sich auf einen Schemel nahe ans Bett. Sie nimmt Juttas kalte Hände und wärmt sie. Jutta schläft bereits, so erschöpft ist sie. Sie spürt nicht mehr, wie Schauer durch ihren unterkühlten Körper jagen.

In ihren Träumen ist sie wieder jung und vor allem frei von Ängsten. Wie sehr fürchtet sie die Verdammnis, wenn sie wach ist, den Teufel, die Hölle. Doch wenn sie schläft, dann findet sie Frieden. Glocken beginnen zu schlagen. Wo kommen sie her? Haben sie nicht schon längst zum Komplet geläutet?

Aber nein, das sind die Glocken von Sponheim. Jutta sieht sich wieder als junges Mädchen in ihrer Kammer an einer Stickarbeit sitzen. Es ist ein kalter Wintertag und die fahle Wintersonne spendet nur spärliches Licht. Bald wird es zu dunkel für diese feine Arbeit sein. Leise murmelt die junge Jutta vor sich hin: »Was soll ich nur machen? Wo ist mein Weg, was hat Gott mit mir vor?« Es klingt wie ein monotoner Singsang und ihr Oberkörper pendelt dabei hin und her.

Ihr Bruder hatte ihr vor zwei Wochen mitgeteilt, dass sie nicht an einer Pilgerreise nach Compostela teilnehmen dürfe. Das hatte sie so erschüttert, dass sie für zwei Tage überhaupt nicht mehr gesprochen hat und auch jetzt ist sie schweigsam und redet nur das Nötigste mit ihrer Familie und mit ihrer Lehrmeisterin. Für Jutta war die Pilgerreise Hoffnung gewesen, Hoffnung für einen ersten Schritt auf ihrem Weg zu Gott. Hier ist er ihr oft fremd geworden, bei all der täglichen Arbeit und den vielen gesellschaftlichen Ablenkungen, die ein Leben auf einer Burg mit sich bringen. Jutta hat nur ein Ziel, sie möchte Gott nahe sein, ihn mit jeder Faser ihres Körpers fühlen, sie möchte seine Braut werden. Wie soll ihr das, hier auf der heimatlichen Burg, gelingen? Hier, wo sie immer wieder von Heiratswilligen bedrängt wird. Jutta ist sich sicher, dass eine Heirat sie in eine innere Dunkelheit führen würde, es wäre ihr geistiger Tod. Seit zwei Wochen drehen sich Juttas Gedanken um ihren weiteren Lebensweg. Sie hatte so sehr gehofft, auf ihrer Pilgerreise neue Hinweise von Gott zu bekommen, einen neuen Lebensweg aufgezeigt zu bekommen, einen Lebenssinn. Auf der Burg sieht sie für sich keine Zukunft und eine lange Reise hätte Abstand gebracht, vielleicht wäre sie auch der Beginn eines neuen Lebens geworden.

Juttas Mutter betritt den Raum und schaut ihrer Tochter eine Weile schweigend zu, dann sagt sie: »Jutta, für dich wäre es das Beste, wenn du heiraten würdest, es wäre für uns alle das Beste.«

Jutta hebt den Kopf und antwortet: »Nein, ich werde nicht heiraten, niemals!« Die Wintersonne sinkt hinter den Burgfried und lange Schatten legen sich auf die Kammer, auf das Mädchen und die Mutter. Es wird finster in dem Raum, bald ist nichts mehr zu erkennen. Es rückt alles in den Hintergrund, verschwimmt, und über allem liegt nun eine erdrückende Dunkelheit, die sich wie Schatten auf die Seele legt. Die Worte hallen in Jutta nach, dringen zu ihr ins Bewusstsein. Juttas Herz beginnt zu rasen, sie möchte schreien, sich aufbäumen, sie wird nie heiraten, niemals! Da legt sich plötzlich eine warme Hand auf Juttas Gesicht und leise gemurmelte Worte sind zu hören. Jutta versteht, es ist Hildegard, die bei ihr sitzt. Getröstet schläft Jutta wieder ein und versinkt erneut in ihren Träumen. Dieser Traum ist anders, leichter. Die Dunkelheit ist verschwunden, alles fühlt sich wunderbar und aufregend an. Die Sonnenstrahlen funkeln und lösen langsam den Nebel auf, der über allem liegt.

Jutta erkennt, wohin der Traum sie geleitet hat. Sie sieht Menschen den Berg hinaufsteigen, einige Mönche gehen vorweg, danach folgt eine junge Frau, die zwei Mädchen an den Händen hält. Und noch weitere Menschen eilen ihnen hinterher.

Der Ruf eines Falken ist zu hören. Er lockt Jutta, er ruft sie. Soll sie ihm folgen? Kurz zögert sie. Aber wovor hat sie Angst? Der Nebel lichtet sich, sie kann nun besser sehen. Der Falke fliegt der Menschenprozession voraus, Juttas Blick folgt ihm und sie versteht, was er ihr zeigen möchte. Sie ist es selbst, die Hildegard und ein anderes Mädchen an der Hand hält und Teil der Prozession ist. Sie ist zwanzig Jahre alt, und dies ist ihr Einzug in die Frauenklause auf dem Disibodenberg. Zusammen schreiten sie den Berg hinauf. Es ist der Aufbruch in ein neues Leben. Alles ist wunderbar hell und die junge Frau und die Mädchen sehen freudvoll ihrem neuen Leben entgegen.

Ja, das hier ist ihr Weg zu Gott. Mit schwungvollem Schritt tritt sie durch die Klosterpforte. Dies also ist ihr neues Zuhause, hier wird sie leben und Gott dienen. Welch eine Freude! Aufmerksam schaut Jutta sich um. Ihre Blicke gleiten an den Mauern der Frauenklause entlang, hinauf und hinunter. Als sie nicht findet, was sie sucht, wird ihre Miene starr vor Schreck.

Mit quaderförmigen Steinen wurde die Klause gebaut, stabil und ohne Lücken, ohne Öffnungen. Langsam begreift sie. Ein Windstoß fegt über die grauen Steinblöcke und dunkle Wolken werfen ihre Schatten darauf. Jutta bleibt abrupt stehen. Sie drückt die Hand ihrer Freundin, sucht Halt. Hildegard erwidert den Druck, begegnet ihrem Blick mit aufgerissenen Augen. Mit Grauen im Herzen stellt Jutta fest, dass die Klause keinen Garten, keine Fenster und keine richtige Tür hat. Soll sie etwa eingeschlossen werden? Hatte ihre Mutter oder ihr Bruder das für sie im Sinn gehabt? Lebendig eingemauert werden, ohne Kontakt zur Außenwelt, mit einer kleinen Luke zum Durchreichen der Nahrung? Soll so ihre Zukunft aussehen? Nie wieder den Tau auf dem Gras unter den Füßen spüren und keinen Himmel mehr sehen dürfen? Für immer eingeschlossen sein? Nein, das darf nicht sein!

Jutta spürt die Angst von damals in ihrem Herzen, unruhig wird sie im Schlaf und doch spürt sie die Hand von Hildegard. Aber der Traum entlässt sie noch nicht. Sie schaut die Mönche an, versucht in ihren verschlossenen Mienen zu lesen. Wo ist der Abt, wo ihre Mutter? Doch da ist nichts. Wieder ergreift Dunkelheit von ihr Besitz, verschleiert ihren Blick. Nebel steigt auf und legt sich milchig wabernd über die Klause, über die Mädchen und schließlich auch über die düsteren Mönche.

Jutta stöhnt und schluchzt auf ihrer Liege, Tränen laufen ihr wie kleine Sturzbäche über die Wangen. Voller Kummer nimmt Hildegard ein Tuch und wischt ihr sanft die Tränen ab. Sogar in ihren Träumen muss ihre Magistra, ihre Freundin, leiden. Reicht es nicht, dass Jutta sich aus Angst vor der Hölle jeden Tag kasteit, geißelt und sich halbnackt in den eisigen Garten setzt?

Unter ihren kundigen Händen beruhigt sich Jutta wieder und schläft weiter. Ihre Atemzüge sind nun ruhiger und gleichmäßiger.

Eine neue Szene taucht im Traum vor Jutta auf. Sie sitzt in der Klosterpforte. Alles ist in helles und funkensprühendes Licht getaucht. Menschen kommen zu ihr und suchen ihren Rat. Liebevoll begutachtet sie ein kleines Mädchen, streicht ihm über den Kopf, das lange blonde Haar ist zu zwei dicken Zöpfen geflochten. Bei diesem friedvollen Bild wird Jutta auf dem Lager ganz ruhig. Ihr Atem geht so leicht, dass er fast nicht wahrzunehmen ist. Nach einer Weile verschwinden die Menschen, nur der Klostergarten bleibt noch für einen Moment, ebenso der Falke hoch auf dem Baum, dann verschwindet auch er. Nun folgen keine weiteren Traumbilder mehr. Traumlos und ruhig schläft Jutta weiter.

Hildegard entspannt sich und überlässt sich ihren Gedanken und Überlegungen, als es leise an die Tür klopft und sie aufschreckt. Es ist Pauline, die eine Schale mit warmer Suppe für ihre Magistra in den Händen hält. Als sie sieht, dass Jutta schläft, stellt sie die Schale auf einen kleinen Tisch, der neben dem Bett steht und will wieder gehen.

Hildegard verspürt plötzlich den Wunsch nach einem Gespräch. Sie ist es leid, ihre Sorge um Jutta allein mit sich herumzutragen. Mit einer einladenden Geste fordert sie Pauline auf, einen zweiten Schemel aus der Ecke zu holen und sich neben sie zu setzen.

Pauline sieht etwas überrascht aus, es kommt nicht oft

vor, dass Hildegard am Bett von Jutta Gesellschaft wünscht. Als wieder Ruhe im Zimmer eingetreten ist, nimmt Hildegard das Wort: »Clementina und du, ihr habt euch vorhin gefragt, wieso sich eure Magistra diese Sachen antut.«

Pauline reißt die Augen auf und hört gespannt zu.

»Jutta hat Angst vor der Hölle und dem Fegefeuer, das hatte sie schon immer. Doch nun wird es schlimmer, je näher sie dem Tode kommt. Deshalb kasteit sie sich selbst. Sie denkt, dass sie der Hölle entrinnen kann, wenn sie dem Leid Christi in ausreichender Weise folgt.«

Pauline ist unsicher, ob es erwünscht ist, dass sie auch etwas sagt, aber nach kurzer Überlegung traut sie sich zu sagen: »Viele von uns haben Angst vor der Hölle.« Hildegard nickt und antwortet: »Ja, ich weiß, aber schlagt Ihr euch deswegen auch blutig? Harrt Ihr bis zur Besinnungslosigkeit draußen in der Kälte aus?«

Betreten senkt Pauline den Kopf. Hildegard bemerkt das gar nicht, sondern fährt fort: »Ich frage mich die ganze Zeit, wann Jutta begonnen hat, sich in diese extreme Richtung zu verändern. Was war der Auslöser?«

Sie geht in ihrer Erinnerung zurück zu dem gemeinsamen Einzug auf den Disibodenberg. Sie weiß noch, wie ein Falke ihnen vorausgeflogen war. Der Vogel hatte sich seltsam vertraut gezeigt, so als würde er sie kennen. Darüber hatte sie nie mit Jutta gesprochen, aber Hildegard war sich insgeheim sicher, dass der Falke eine Bedeutung gehabt hatte. Sie erinnert sich, wie entsetzt sie alle gewesen waren, als sie verstanden hatten, dass ein Leben als Inklusinnen für sie vorgesehen gewesen war.

Alles war so schrecklich zugemauert gewesen, dunkel,

ohne Ausblick, Fenster und Garten. Zum Glück hatte Juttas Bruder später dafür gesorgt, dass die Klause Fenster und einen Zugang zu einem kleinen Garten bekam. Nach dem ersten Schrecken war dann alles neu und aufregend gewesen und Jutta schien zufrieden zu sein und ganz in ihrem Leben als Ordensfrau aufzugehen. Doch irgendwann muss etwas passiert sein, das in ihr die Ängste schürte. Was ist es gewesen? Pauline holt sie aus ihren Gedanken zurück und flüstert mit zittriger Stimme: »Ich glaube, die Magistra fing an sich zu verändern, nachdem sie von Bernhard von Clairvaux gehört hatte.«

Hildegard schaut Pauline direkt an. »Ja«, sagt sie schließlich nachdenklich, »da magst du recht haben. Dieser Mann, dieser Mönch, der für die radikale Askese wirbt, für langes Fasten, Selbstkasteiung und wenig Schlaf, der hat sie wahrlich stark geprägt. Zeitgleich hat Jutta angefangen, von ihrer Angst vor der Hölle zu sprechen.« Hildegard hat jetzt wieder alles vor Augen. Dieser Mönch war der Auslöser für Juttas Wandel zur extremen Askese. Stück für Stück hatte sie ihren bisherigen Lebenswandel innerhalb des Klosters verändert. Hildegard überlegt, ob sie Pauline auch davon erzählen soll, was Jutta einmal zu ihr gesagt hatte. Sie schätzt die junge Nonne sehr und beschließt, ihr zu vertrauen und sich ihr zu öffnen. »Einmal hat Jutta mir mitgeteilt, dass alles Übel der Welt im menschlichen Fleische wohne und die einzige Rettung der menschlichen Seele darin bestünde, die Schwäche des Körpers zu überwinden und mit der Kraft des Geistes darüber hinauszuwachsen«, sagt sie leise und behält Pauline und Jutta dabei im Blick. Wie erwartet, erschrickt die junge Nonne bei diesen Worten. Stumm beginnt sie zu weinen, und auch Hildegard schüttelt sich leicht bei diesen Erinnerungen.

Im Nachhinein erscheint es ihr so, als wolle Jutta ihren Köper nicht mehr fühlen, als sei er nur ein Hindernis für sie auf ihrem Weg zu Gott. Immer wieder hatte Hildegard mit ihr darüber gesprochen und sie angefleht, ihr Leben zu ändern. Aber ohne Erfolg. Manchmal hatte es ihr förmlich das Herz zerrissen, wenn sie Jutta beim Waschen behilflich gewesen war und die vielen Narben und auch die frischen blutigen Striemen auf ihrem knochigen Rücken gesehen hatte.

»Hat unsere Magistra deshalb vor Jahren für uns Nonnen eine strenge Askese gefordert und auf der Verlängerung der Fasten- sowie der Gebetszeiten bestanden?«, fragt Pauline vorsichtig und wischt sich die Tränen fort.

»So ist es«, erwidert Hildegard. Sie weiß noch, als wäre es erst gestern gewesen, wie entsetzt sie damals gewesen war. »Ich habe ihr energisch widersprochen«, fügt Hildegard leise an, »sodass sie nicht alle ihre Wünsche und Forderungen durchsetzen konnte.«

»Aber unserer Magistra konntet Ihr nicht helfen«, stellt Pauline mit trauriger Stimme fest.

Hildegard nickt ebenso traurig. »Wenn Jutta so weitermacht, wird sie ihren Körper zerstören und wir können nichts dagegen unternehmen. Jetzt schon ist sie an manchen Tagen zu schwach, um ihre Kammer verlassen zu können, oder sie liegt von Schmerzen gepeinigt in ihrem Bett.«

Pauline zuckt zusammen, als Hildegard hinzufügt: »Wie oft habt ihr sie schon halb erfroren aus dem Garten gezerrt und zurück in ihre Kammer gebracht? Wie oft habe ich sie nach einer viel zu langen Fastenzeit wieder langsam mit Suppe und Heilkräutern wie ein krankes Kätzchen aufpäppeln müssen?«

Pauline sitzt ganz still und Hildegard weiß, wie schlimm es für sie ist, ihre Magistra so entkräftet zu sehen. Aber auch für alle anderen ist es schlimm.

Jutta bewegt sich wieder unruhiger und fängt im Schlaf an zu reden. Hildegard beugt sich über sie, kann aber nichts verstehen. Schließlich wacht Jutta auf und ihre Zähne beginnen heftig zu klappern. Sie erkennt Hildegard an ihrem Bett und bittet sie mit einer schwachen Kopfbewegung, näher zu kommen. Juttas Worte sind nur ein Flüstern und Pauline kann kein einziges Wort verstehen: »Wenn ich sterbe, dann sollst du meine Nachfolgerin werden. Ich bin mir sicher, dass du das Kloster gut leiten und deinen Nonnen eine gute Magistra sein wirst.«

Hildegard erschrickt und drückt Juttas Hand ganz sanft. Alles hätte sie sich vorstellen können, aber Magistra werden, das liegt ihr völlig fern. Bevor sie etwas erwidern kann, schließt Jutta die Augen und schläft wieder ein. Nun sind ihre Atemzüge völlig ruhig und absolut gleichmäßig. Hildegard bleibt an ihrer Seite sitzen. Nun ist sie es, die lautlos weint.

―――――――――――――――――

DER WIND *hat aufgefrischt und peitscht das Gefieder des Falken. Er erhebt sich von dem Baum, breitet seine Flügel aus und kreist ein letztes Mal über dem Kloster. Dann dreht er ab und überquert dabei die Nahe.*

STECKBRIEF: JUTTA VON SPONHEIM

Um 1092	Geburt in Sponheim bei Bad Kreuznach
1095	Tod des Vaters
1104	Lebensbedrohliche Erkrankung mit wundersamer Genesung
1106	Jutta weiht ihr Leben Gott und legt vor dem Bischof in Mainz die Jungfrauenweihe ab
Ab 1106	Unterricht zusammen mit Hildegard von Bingen auf Burg Sponheim
Um 1108	Juttas Wunsch nach einer Pilgerreise nach Santiago de Compostela wird von ihrer Familie abgelehnt
Um 1110	Die Familien von Jutta und Hildegard stiften Geld für den Bau einer Frauenklause auf dem Disibodenberg
Um 1112	Einzug in die Frauenklause auf dem Disibodenberg, Jutta wird Magistra der ihr anvertrauten Mädchen
1136	Jutta stirbt auf dem Disibodenberg und wird dort beerdigt. Hildegard von Bingen berichtet in ihrer Biografie von Wundern, die sich am Grab von Jutta zugetragen haben sollen. Das Grab war lange Zeit eine häufig besuchte Wallfahrtsstätte.

WISSENSWERTES Jutta wurde auf Burg Sponheim in der Nähe von Bad Kreuznach geboren. Mit 20 Jahren zog sie mit Hildegard von Bermersheim (später Bingen) in die Frauenklause auf den Disibodenberg ein. Jutta war fortan Magistra, Leiterin der Nonnen. Ob sie Inklusinnen waren oder doch Kontakt zur Außenwelt hatten, lässt sich nicht genau sagen. Sicher ist jedoch, dass Jutta auf einer gigantischen Baustelle gelandet war. Gleich gegenüber der heute vermuteten Frauenklause wurde die Abteikirche gebaut, die so groß wie der damalige Mainzer Dom war. Die Kirche wurde erst sechs Jahre nach Juttas Tod fertiggestellt und geweiht. Obwohl heute nur noch die Ruine des Klosters steht, kann man seine gewaltigen Ausmaße gut erahnen. Im Laufe der Zeit entwickelte Jutta einen immer stärkeren Drang zur Askese und Selbstkasteiung. Sie verlängerte die Gebets- und Fastenzeiten für alle und fing zunehmend an, sich selbst zu schlagen, sodass sie mit nur 44 Jahren an Unterernährung und Krankheit starb. Hildegard von Bingen wurde Juttas Nachfolgerin. Nachdem sie die Totenwaschung übernommen, den Büßergürtel und die vielen Narben an Juttas Leichnam gesehen hatte, verkürzte sie die Gebets- und Fastenzeiten und verurteilte Selbstkasteiungen. Jutta von Sponheim soll unter der Marienkapelle auf dem Disibodenberg beerdigt worden sein.

ÜBRIGENS: Zu Juttas Zeiten lag die Stadt mit den meisten Einwohnern in China. Heute jedoch hat Tokio mit 38 Millionen die meisten Einwohner der Welt und damit auch mehr Einwohner als ganz Kanada.

HILDEGARD VON BINGEN:
Kräuter und Visionen

»Ich glaube an den liebenden Gott und nicht an den
strafenden!«

DER FALKE *schwebt hoch in der Luft und sieht unter sich
ein kleines Mädchen über eine Wiese laufen. Bienen fliegen leise
summend von Blüte zu Blüte und bunte Schmetterlinge flattern
im warmen Sommerwind. Plötzlich bleibt das Mädchen abrupt
stehen.*

*Der Falke schaut im Flug zurück und sieht eine Gestalt aus
Farben und Licht, die schimmernd vor dem Mädchen erscheint.
Neugierig breitet er seine Flügel aus und fängt an zu kreisen.
Mit seinen scharfen Augen beobachtet er von großer Höhe, was
unter ihm geschieht. Die Lichtgestalt spricht mit dem Mädchen,
leise – wie das Raunen des Windes. Ein Ruf ertönt von weiter
unten.*

*»Hildegard«, ruft eine ältere Frau, »Hildegard, es wird Zeit!«
Das Mädchen dreht sich um und läuft der alten Frau entgegen,
die mühsam auf die Wiese steigt. Sie reagiert nicht auf die Lichtgestalt, die sich wie ein warmer Schimmer vor dem Mädchen
ausgebreitet hat und nun ganz leise vergeht.*

*Das Mädchen ergreift die Hand der Frau und gemeinsam ge-
hen sie zurück zum Hof. Der Falke schraubt sich mit kräftigen
Flügelschlägen höher und höher. Er wird dem Mädchen folgen,
aber in ihre Zukunft hinein. Er kennt sie bereits, denn er war ja
schon in ihrer Zeit, in ihrer Nähe, doch nun widmet er sich allein
ihr und keinem sonst.*

Hildegard von Bingen steht an dem kleinen Fenster in ihrer Schreibstube und schaut sinnierend hinaus in die Win-
terlandschaft. Zwischen den kahlen Zweigen der dunklen
Bäume ahnt sie die Gestalt eines Vogels, eines großen Vogels.

Es hat sich viel verändert, seit sie als kleines Mädchen
über eine blühende Sommerwiese gelaufen ist. Lange Jahre
der Einsamkeit und auch der Selbstzweifel folgten. Doch
als sie noch Nonne in der Frauenklause auf dem Disibodenberg gewesen war, fand sie einen Vertrauten, der ihr die
Zweifel oft nahm: Volmar.

Als sie dann in einer bildgewaltigen Vision die Aufgabe
bekam, alles aufzuschreiben, was sie sehen oder hören würde, war er es, der sie zum Schreiben ermutigte. Trotzdem
fehlte ihr zuerst der Mut dazu. Sie war nur ein einfaches
Weib, Nonne zwar und Magistra dazu, aber das Schreiben
stand ihr doch nicht zu. Das war den Gelehrten und vor
allem den Männern vorbehalten. Aber Volmar trieb sie immer wieder an, verteidigte sie und sorgte dafür, dass sogar
der Papst ihre Texte zu Lesen bekam.

Das brachte die Wende. Der Papst bestätigte den Wahrheitsgehalt ihrer Visionen. In seinen Augen konnten sie nur von Gott stammen. Und wie lange hatte sie schon diese Visionen. So lange, dass sie sich kaum noch zurückerinnern konnte. Warum gerade jetzt der Tag aus ihrer Kindheit vor ihrem Innern aufzog, als sie die Lichtgestalt auf der Wiese traf, wusste sie nicht genau. Aber so, als wäre es erst gestern gewesen, stand dieser besondere Tag plötzlich wieder vor ihr. Wie war sie darüber erleichtert gewesen, dass nicht nur sie es für Visionen von Gott hielt, sondern auch der heiligste Vertreter auf Erden.

Als sie schließlich in ihr eigenes Kloster auf dem Rupertsberg umzog, war es ihr Wunsch gewesen, dass Volmar als zukünftiger Probst ihres Klosters mit den Nonnen mitziehen durfte. Und so geschah es. Mittlerweile waren viele Jahre ins Land gezogen. Jahre, in denen das Kloster gewachsen war und immer mehr an Bekanntheit erlangt hatte. All die Zeit war Volmar an Hildegards Seite gewesen und hatte ihr geholfen, wo er konnte. Die Zusammenarbeit mit ihm gestaltete sich auch nach all den Jahren als sehr harmonisch und produktiv. Hildegard drehte sich vom Fenster weg, setzte sich und fragte:

»Sagt mir, Volmar, mein treuer Freund, habe ich recht getan, dass ich die Ordensregel gelockert habe?«

Volmar schaute vom Tisch hoch. Er war gerade dabei, Texte von einer Wachstafel auf ein dünnes Pergament zu übertragen. »Ihr meint, weil Ihr die Fastenzeiten gekürzt und die Schlafenszeiten verlängert habt?«

Hildegard nickte und sprach nachdenklich weiter: »Ja, aber nicht nur das. Ihr wisst, was mir das Wichtigste war.«

»Sicher«, erwiderte Volmar. »Wer weiß das nicht. Es ist

zwar schon lange her, doch es hat Euch stark geprägt, was Ihr fandet, als Ihr die Totenwäsche von Jutta von Sponheim, eurer Magistra, übernommen habt.«

Hildegard nickte. »Mit Schrecken habe ich den Bußgürtel entdeckt, der sich tief in den Leib meiner Freundin eingegraben hatte. Ihr könnt ganz froh darüber sein, Volmar, dass Euch dieser Anblick erspart geblieben ist.«

Volmar lächelte milde: »Naja, ich als Mann hätte sowieso nie der Totenwaschung einer Nonne beiwohnen dürfen.« Er beeilte sich anzufügen: »Es war richtig, die Selbstkasteiung zu kritisieren. Selbst wenn ich so etwas nie gesehen habe, so kann ich sicher die Schrecken, die Ihr dabei empfunden habt, nachvollziehen!«

»Das macht mich selbst nach so langer Zeit noch traurig«, gab Hildegard zu.

Volmar seufzte. »Auch das kann ich gut verstehen«, erwiderte er leise, »dass Euch diese Bilder einfach nicht loslassen, sooft wir auch darüber sprechen. Aber Ihr tragt keine Schuld daran. Es war ganz allein Juttas Entscheidung, sich so etwas anzutun.«

»Ich weiß, was Ihr jetzt antworten wollt. Es ist zwischen uns wie bei einem Schachspiel mit einem guten Freund, mit dem man dieses Spiel schon sehr oft gespielt hat. Jeden Zug des Freundes ahnt man im Voraus.«

Hildegard nickte und lächelnd sagte sie: »Jetzt sind wir schon alt und grau geworden und trotzdem wiederholen wir immer noch dieses alte Spiel. Wie gut Ihr mich kennt!«

Volmar lachte auf: »Wie sollte ich denn nicht. So viele Jahre sind wir nun schon eng miteinander verbunden. So viele Wege bin ich mit Euch gegangen.«

Volmars dröhnendes Lachen wirkte ansteckend auf Hildegard und sie erinnerte sich lächelnd: »Ihr wart nicht immer so wohlwollend, Volmar, ich erinnere mich nur allzu gut, dass Ihr bei jedem Buch, das ich schrieb, die lateinische Grammatik mit mir besprochen und mich oft kritisiert habt.«

»Und heimlich habe ich Euch immer bewundert.«

Hildegard schaute Volmar überrascht an, solche Gedanken hätte sie nicht bei ihm vermutet. Fragend sah sie ihn an.

»Nun«, fuhr dieser fort, »wie vielen Menschen habt Ihr Trost gespendet, wie vielen den rechten Weg gewiesen? Sogar ein eigenes Kloster habt Ihr bauen lassen. Immer habt Ihr Euch stark gezeigt und sogar dem Abt vom Disibodenberg die Stirn geboten.«

Hildegard stand erneut auf und ging in der Schreibstube auf und ab. Damals war es eine intensive Zeit gewesen und an manchen Tagen hatte sie nicht gewusst, wo ihr der Kopf stand. »Nun ja, gegen Kuno war es für mich nicht leicht anzukommen. Immer wieder hat er mir Steine in den Weg gelegt.«

»Die Ihr aber alle mit Standhaftigkeit aus dem Weg geräumt habt, bis Ihr schließlich mit Glanz und Gloria aus dem Kloster auf dem Disibodenberg ausgezogen seid.«

Hildegard blieb stehen und fing leise an zu kichern. »Wisst Ihr, warum er sich so quer gestellt hat und uns nicht gehen lassen wollte?«

Darüber hatte Volmar damals bereits nachgedacht und schnell war er auch zu einem Ergebnis gekommen. »Kunos Kloster war nur wegen Euch so berühmt und reich an Ländereien geworden, mit Eurem Auszug hätte er sein bestes

Pferd im Stall verloren.« Volmar drückte sich gerne drastisch aus, aber Hildegard musste ihm zustimmen, denn das
Kloster hatte nach ihrem Auszug seine Bedeutung verloren,
während das ihre immer bekannter geworden war.

Volmar seufzte: »Lasst uns nicht mehr von Kuno sprechen, es gibt so viel Schöneres im Leben.« Nachdenklich
betrachtete er die dünne Wachstafel, die er immer noch vor
sich liegen hatte. »Mir macht die Arbeit an Euren Büchern
immer große Freude. Das war damals so und so ist es auch
heute noch.«

Hildegard stellte sich neben Volmar und bemerkte: »Ja,
aber Ihr wisst so gut wie ich, dass ich nach meinen Visi-
onsbüchern nur noch das Wissen dieser Zeit zusammengetragen und keine eigenen Heilverfahren entwickelt habe.
Ich habe nur alles gut strukturiert und das Wissen über die
Heilkunde, über Edelsteine und die Ernährung in Büchern
vereint.«

Entrüstet blickte Volmar zu Hildegard hoch: »Was
heißt hier denn *nur*? Ich sehe Euch noch vor mir, wie Ihr in
der Bibliothek über den alten Büchern gesessen und danach
alles geordnet, zusammengefasst und niedergeschrieben
habt. Das war unglaublich viel Arbeit und steht Euren Visi-
onsbüchern in nichts nach.«

Hildegard straffte die Schultern und erwiderte: »Das
war nur Fleiß, aber wie viel intensiver war die Arbeit an
meinen ersten Büchern. Welch eine Gnade, das aufschreiben zu dürfen, was Gott mir eingab. Ach, ich weiß noch
genau, wie er mir in einer bildgewaltigen Vision zeigte, dass
ich alles aufschreiben solle, was ich sehen und hören würde. Und das, was ich dort sah, war unbeschreiblich, schön

und erschreckend zugleich. Die Farben und das alles überstrahlende Licht strömten mit aller Macht in mein Herz und brachten mein ganzes Sein ins Schwingen gebracht. Ich erlangte augenblicklich eine Klarheit und Weitsicht, die normalerweise nur ein langes Studium hervorzubringen vermocht hätte. Und so früh in meinem Leben habe ich die erste Begegnung damit gemacht, als ich als Kind ...«

In diesem Moment klopfte es und eine Nonne trat lächelnd mit einem dicken Stapel Briefen in den Händen ein.

»Oh, du warst schon an der Pforte.«

Genefa nickte leicht und gab Hildegard die Post. Als sich die Tür wieder hinter der Nonne geschlossen hatte, sagte Volmar: »Genefa ist sehr fleißig, nie muss man sie zur Arbeit ermuntern. Das gefällt mir.«

»Das ist sie in der Tat. Außerdem denkt sie selber und ist nicht nur Befehlsempfängerin. Ich habe noch viel mit ihr vor.«

»Das kann ich mir gut vorstellen. Aber ich wollte noch etwas zu Euren Büchern sagen. Was war es nur?« Nachdenklich kratzte sich Volmar an der Stirn. »Meiner Meinung nach sind die Visionsbücher wirklich besonders und sie gefallen mir von Euren Arbeiten am besten. Es ist berührend, wenn Ihr die Bilder beschreibt, die Ihr von Gott gesandt bekommen habt. Auch wenn Ihr meint, dies nicht in Worte fassen zu können, gelingt es Euch doch, die Lebendigkeit der Visionen in den Text Eurer Bücher zu transportieren.«

Hildegard ergänzte lächelnd: »Vergesst meine Lieder nicht.« Volmar griff sich gespielt ans Herz und sagte: »Wie könnte ich das vergessen! Eure Lieder, Eure Liturgien sind unvergleichlich. Wenn sie in der Abteikirche erklingen und den Raum förmlich zum Schwingen bringen, ist es wie der Kampf zwischen den Tugenden und den Lastern, das Spiel zwischen der Seele und den Engeln. Es ist dann, als hättet Ihr ihnen allen eine Stimme gegeben.«

Hildegard seufzte und sagte: »Genug des Lobes, kommen wir lieber wieder zum Thema zurück.«

Volmar seufzte leise und fragte dann behutsam: »Wie oft haben wir schon darüber gesprochen, wie oft haben wir uns darüber ausgetauscht? Ihr könnt es nicht mehr ändern.«

»Ihr habt ja recht. Und trotzdem kann ich mir die Gedanken an Jutta nicht aus dem Kopfe reißen. Manchmal wache ich nachts auf und habe diese schrecklichen Bilder von ihr vor Augen. Es kann nicht Gottes Wille sein, dass wir uns dergestalt verletzen. Deshalb ist es auch richtig gewesen, ihr Handeln zu hinterfragen.« »Eben«, fuhr Volmar fort, »in Liebe hat der Herr uns erschaffen und mit Liebe hat er uns angefüllt.«

Hildegard nickte bestätigend und sagte: »Und deshalb glaube ich an den liebenden Gott und nicht an den strafenden!« Mit wehmütiger Stimme fuhr sie fort: »Die Menschen entscheiden für sich selbst, jeder muss seinen Weg gehen.«

»Eben«, sagte Volmar erneut.

Hildegard nahm ihren unruhigen Gang durch die Kammer wieder auf. Es war schon später Nachmittag und die fahle Wintersonne schickte ihre letzten spärlichen Strahlen durch das kleine Fenster. Bald würde sie schon wieder über dem Binger Wald untergehen. Wahrscheinlich lag es an der Kürze des Tageslichts oder allgemein an der ungemütlichen

Winterzeit, dass sie so schwere Gedanken mit sich herumtrug. Denn nicht nur Jutta hatte sie heute im Sinn.

»Eigentlich ist es etwas anderes, was mich schon den ganzen Morgen umtreibt«, nahm Hildegard erneut das Wort. »Es sind ganz andere Gedanken, die sich in meinem Kopf drehen. Obwohl ich Euch so gut kenne, mein treuer Volmar, habe ich doch manch schweren Gedanken für mich behalten. Vielleicht ist es nun aber endlich an der Zeit, sie mit einem anderen Menschen zu teilen.« Sie holte tief Luft, während Volmar gebannt schwieg.

»Es sind meine Erinnerungen an Richardis, die mich bewegen. Und das nicht nur heute. Jeden Tag denke ich an sie.«

Volmar hob überrascht den Kopf und sagte leise: »Das ist es also, was sich hinter Eurer Stirn versteckt, wenn Ihr wieder einmal mit leerem Blick in den Raum schaut. Es sind dann doch wohl nicht immer neue Visionen.«

»Nein, fürwahr, das sind sie nicht«, lachte Hildegard auf. »Da gibt es noch eine ganze Menge anderes, was mich umtreibt. Aber eines belastet mich neben der Sache mit Jutta sehr.«

Volmar schaute sie erwartungsvoll an. »Ihr wisst, dass Richardis für mich eine Tochter dem Geiste nach war.«

»Sicher weiß ich das. Sie hat auch mir viel bedeutet. Sie war intelligent, neugierig und aufgeweckt. Schon als sie noch ein junges Mädchen war, war ihr Latein von einer solchen Leichtigkeit, dass es mich immer wieder erstaunte.«

Hildegard klopfte mit den Fingern auf den schweren Eichentisch, den sie als Schreibtisch benutzten. »Ja ja, haltet mir nur unter die Nase, dass mein Latein holprig war und ist.«

Sie schaute Volmar so genervt an, dass er unwillkürlich grinsen musste, denn Hildegard hatte durchaus recht. Er war stets froh gewesen, dass Richardis sie bei der anstrengenden Arbeit in der Schreibstube unterstützt hatte. Aber als er den traurigen Unterton in Hildegards Stimme bemerkte, verging ihm das Lachen.

»Ich weiß nicht, was mich schwerer getroffen hat«, fuhr Hildegard fort, »dass Richardis nach Bassum ging, um dort im Norden Äbtissin zu werden, oder ihr unerwarteter Tod kurz darauf.«

»Nun«, antwortete Volmar »sie wurde ja von ihrem Bruder dorthin beordert. Was hätte sie denn für eine Wahl gehabt? Sie musste doch dem Ruf, oder besser gesagt, der Anordnung ihrer Familie folgen.«

»Nein, das musste sie nicht!«, fuhr es laut aus Hildegard heraus. »Sie hatte eine Wahl und ich hätte sie dabei unterstützt. Aber nein, sie war auf Ruhm und Ehre aus, wollte dort im Kloster selbst entscheiden können und ihrer Eitelkeit frönen. Oh, wie habe ich sie angefleht, dass sie hierbleiben solle. War nicht der Rupertsberg ihr Zuhause? Sogar den Papst hatte ich um Hilfe gebeten. Aber es war alles vergebens. In dem Moment, als Richardis hier fortging, war sie für mich verloren. Noch nie habe ich um einen Menschen so getrauert wie um sie.«

Hildegard war vor dem Fenster stehengeblieben und schaute wieder nach draußen. Es dämmerte bereits und die beginnende Dunkelheit einer weiteren kalten Winternacht legte sich wie ein bleierner Schatten über die Gebäude und Bäume.

Immer noch saß reglos, wie eine Statue, der Vogel hoch

im Wipfel eines großen Baumes. Ihr gedankenvoller Blick blieb auf ihm haften.

»Es ist nicht gut, eine Mitschwester mehr zu lieben als eine andere. Ich hätte gegen meine Gefühle ankämpfen müssen. Sie wie eine Tochter zu lieben war nicht gut. Sie war nur eine Nonne unter vielen.«

Volmar erwiderte: »Nein, das war sie nicht und das wisst Ihr auch genau.«

Hildegard schüttelte den Kopf. »Wenn ich sie nicht so geliebt hätte, wäre es vielleicht gar nicht zu ihrem Tod gekommen.«

Nun war es Volmar, der mit Vehemenz den Kopf schüttelte. »Das hieße ja, dass Gott Euch dafür gestraft hat, dass Ihr Richardis in Eurem Herzen den Vorzug gegeben habt. An solch einen Gott glaubt weder Ihr noch ich!«

»Und doch befürchte ich, dass es so ist«, entgegnete Hildegard.

»Nein, das glaube ich nicht!« Volmar war jetzt ernst und sprach mit Autorität in der Stimme: »Wie Ihr glaube auch ich an den liebenden Gott. Ihr habt Richardis wie eine Tochter geliebt, aber Ihr habt Eure Nonnen trotzdem nicht vernachlässigt. Man kann sich die Liebe nicht aussuchen, man kann sie nicht lenken.«

»Da bin ich mir aber gar nicht so sicher. Anderseits habe ich jahrelang gegen meine Gefühle angekämpft, ich habe versucht in Richardis nur eine meiner Nonnen zu sehen und sie nicht in meinem Herzen zu bevorzugen. Ohne Erfolg.«

Hildegard drehte sich abrupt vom Fenster weg und schritt wieder durch die Kammer, die Hände hatte sie hinter dem Rücken verschränkt. »Vielleicht«, fuhr sie nachdenklich fort, »ist ihr früher Tod die Strafe Gottes gewesen, weil Richardis unbedingt Äbtissin werden wollte, weil sie nur auf ihren Kopf, nicht aber auf ihr Herz gehört hat.«

Aber hierbei hatte Volmar eine klare Meinung: »Eben haben wir noch von dem liebenden Gott gesprochen, erinnert Ihr Euch? Außerdem solltet Ihr nicht zu hart mit Richardis ins Gericht gehen. Wir haben alle unsere Fehler und treffen manchmal falsche Entscheidungen. Aber sind wir deshalb sogleich schlechte Menschen, die von Gott abgestraft werden müssen?«

Hildegard schaute ihn sprachlos an. Das waren Gedanken, die sie ihm gar nicht zugetraut hätte. »Fahrt fort«, forderte sie ihn auf.

»Nun, Richardis wollte zu Euch zurückkehren. Damit hat sie doch eindeutig bekundet, dass sie ihre erste Entscheidung bereut und auf Ruhm und Ehre verzichten wollte und auch konnte. Nicht jeder Mensch kann sich falsche Gedanken oder Entscheidungen eingestehen. Sie hat einen Fehler begangen und sie hat diesen eingesehen. Das ist es, was für mich zählt.«

Hildegard seufzte.

»Nun lasst Eure Gedanken um Richardis und auch um Jutta zur Ruhe kommen. Es ist alles gut so, wie es ist. Jeder Mensch geht seinen eigenen Weg, waren das nicht Eure Worte?«

Hildegard nickte nachdenklich: »Ja, das waren meine Worte. Vielleicht habt Ihr Recht.«

»Sicher habe ich das«, sagte Volmar mit einem Lächeln.

Endlich kann Hildegard diese ganzen schweren und erdrückenden Gedanken beiseite wischen. Es erstaunt sie ein wenig selbst, aber langsam kehrt ein tiefer Frieden ein in ihr Herz. Sie dankt Gott dafür, dass er ihr Volmar als ihren Vertrauten an die Seite gestellt hat und er ihr immer wieder ein guter Ratgeber war und sicher auch weiter sein würde. Bevor die Nacht gänzlich über den Rupertsberg hereinbricht, sieht sie noch aus den Augenwinkeln den Vogel sich erheben und einem neuen Ziel entgegenfliegen.

DER FALKE *ist bereit, seinen Weg fortzusetzen. Er hat gesehen, was er sehen wollte, gehört, was er zu hören hoffte. Nun breitet er seine Schwingen aus und erhebt sich von den höchsten Zweigen des Baumes, auf dem er stiller Beobachter gewesen war.*

STECKBRIEF: HILDEGARD VON BINGEN

1098	Geburt in Bingen als zehntes Kind einer Adelsfamilie
1101	Erste Visionen
1106	Erziehung und Unterkunft bei Jutta von Sponheim
1112	Einzug in die Frauenklause Disibodenberg
1115	Hildegard nimmt den Schleier
1136	Nach Jutta von Sponheims Tod wird sie Magistra der Frauenklause Disibodenberg
1141	Visionen und Verschriftlichung: »Scivias«
1147	Papst Eugen III. erkennt ihre Sehergabe an
1148	Planung Frauenkloster auf dem Rupertsberg
1150	Einzug ins Kloster Rupertsberg bei Bingen am Rhein
1151	Fertigstellung des Visionsbuches »Scivias«
1159–71	Vier Predigtreisen u. a. nach Mainz, Würzburg, Trier oder Köln
1165	Erwerb von Kloster Eibingen für nichtadelige Nonnen
1179	Hildegard stirbt im Kreise ihrer Nonnen
1632	Zerstörung des Klosters auf dem Rupertsberg während des Dreißigjährigen Kriegs durch schwedische Truppen
2012	Heiligsprechung durch Papst Benedikt XVI. und Ernennung zur Kirchenlehrerin

WISSENSWERTES Der Name Hildegard von Bingen ist auch heute noch vielen Menschen bekannt. Es gibt Hildegard-Tee, Kekse, Kräutermischungen, Koch- und Backbücher. Hildegard hat das damals vorhandene Wissen über Krankheit, Ernährung und die Wirkung von Heilkräutern zusammengetragen und ihre eigenen Beobachtungen hinzugefügt. Sie wusste sehr genau um die Zusammenhänge zwischen Ursache und Wirkung von Gesundheit und Krankheit. Ein großer Schritt war es für sie, als ihre Visionen von Papst Eugen III. öffentlich anerkannt wurden und sie die Genehmigung bekam, diese auch niederzuschreiben. In einer ihrer Visionen bekam sie den Auftrag, ein eigenes Kloster zu bauen und mit ihren Nonnen auf den Rupertsberg bei Bingen umzusiedeln. Hildegard hatte nur wenige enge Vertraute, darunter war der Probst Volmar, der auch ihr Beichtvater war, und eine junge Nonne, Richardis von Stade, der sich Hildegard bis zu ihrem Auszug aus dem Kloster eng verbunden fühlte. Hildegard kam mehrmals mit Kaiser Friedrich Barbarossa zusammen, um ihn zu beraten und zu maßregeln. Sie hinterlässt ein umfangreiches Werk aus Büchern zu Themen der Religion, Musik, Ethik und Heilkunde. Seit dem Dreißigjährigen Krieg befinden sich ihre Reliquien in einem Schrein in der Kirche des alten Klosters in Eibingen. Das Kloster auf dem Rupertsberg wurde bei Sprengungen für die Eisenbahn bis auf einen Gewölbekeller zerstört.

ÜBRIGENS: Um 1170 wird Wolfram von Eschenbach geboren. Er ist der Autor des Versromans »Parzival«.

BIRGITTA VON SCHWEDEN:
Mahnerin in Rom

»Sie forderte keine neue Kirchenstruktur, sie forderte nur
ein Wiederfinden von alten Werten, einen Weg zurück zur
Ehrbarkeit, zur Liebe und Hingabe.«

DER FALKE *überfliegt einen silbrig schimmernden See, und
im Dunst der Morgensonne taucht ein Klostergebäude auf. Fast
lautlos legt er seine Flügel an und lässt sich auf einem Baum im
Klostergarten nieder. Eine alte Frau mit weißen Haaren steht
im Garten und schaut durch die Pforte auf den See. Für einen
Moment folgt er ihrem versonnenen Blick.*

Wie schön der Vätternsee glänzt. Am schönsten ist er in
den frühen Morgenstunden. Ich habe das immer geliebt.
Der See ist noch derselbe, aber ich bin eine andere. Alt sind
meine Augen, müde sind sie geworden. Als ich mich von der
Klosterpforte wegdrehe, um durch den Garten zur Schreibkammer zu gehen, sehe ich einen Vogel auf der Esche sitzen.

Ich bin mir nicht sicher, ist es ein Falke? Ach, hätte ich doch die Schärfe seiner Augen, dann könnte ich die Geschichte meiner Mutter selbst aufschreiben, anstatt sie einem Schreiber diktieren zu müssen. Aber so ist das Leben, das Älterwerden gehört nun mal dazu. Im Skriptorium empfängt mich schon Bartholomeus. Er wird alles notieren, was ich ihm erzählen werde.

»Hallo, meine liebe Dorothea. Schön, dass du den weiten Weg zu uns gegangen bist.« Ich schüttele Bartholomeus die Hand und danke ihm für den freundlichen Empfang. Er ist es also, der die Geschichte meiner Mutter niederschreiben wird. Wir setzen uns in die Schreibkammer. Nervös rutsche ich auf dem harten Stuhl hin und her. Gibt es denn kein Fell für eine alte Frau und ihre schwache Blase? Aber es wird auch so gehen müssen, ich möchte nicht verweichlicht wirken. Als mich der Mönch aufmunternd anschaut, beginne ich mit meiner Erzählung:

»Ich weiß gar nicht wo ich anfangen soll, denn das Leben meiner Mutter war so abwechslungsreich und voller überraschender Wendungen.«

»Sprich einfach aus, was du denkst«, sagt Bartholomeus und zwinkert mir aufmunternd zu, »ich werde alles mitschreiben und später sortieren.«

»Es hat einige Jahre gedauert, bis ich alles gedanklich zusammengetragen habe«, sage ich zögerlich, »denn ich musste dafür mit vielen Menschen sprechen. Menschen, die meine Mutter gekannt oder ihr nahegestanden hatten.« Bartholomeus nickt dazu.

»Meine Mutter wuchs in adeligen Verhältnissen auf und erhielt aus diesem Grund eine gute Bildung. Sie lernte Lesen und Schreiben und hatte schon in ihrer Kindheit eine innige innere Beziehung zu Jesus Christus und Gott. Für sie kam nur ein keusches Leben infrage, das sie Jesus widmen wollte. Doch zuerst einmal kam alles anders. Als sie noch sehr jung war, starb ihre Mutter, meine Großmutter, und ihr Vater gab sie daraufhin zu ihrer Tante. Sie vermisste ihre Mutter sehr, aber auch ihr Zuhause, Freunde, Bekannte und auch die Nähe zum Meer fehlten ihr. Ihre Tante konnte ihr Sinnen und Streben nach innerer Versenkung für und in Gott nicht verstehen, sie nannte es unnützen Müßiggang, wenn sie meine Mutter wieder einmal irgendwo in der Burg niederknien und beten sah. Leider kannte sie sich in ihrer Hofburg bestens aus und kannte jeden noch so kleinen Schlupfwinkel. Wann immer sich meine Mutter den anderen Kindern davonstehlen konnte und dachte, einen idealen Ort gefunden zu haben, spürte ihre Tante sie in kürzester Zeit auf. Es schien, als hätte diese den Sinn eines Jagdhundes und meine Mutter sei ihre Beute, die es aufzuspüren galt. All ihr Bitten und Flehen um Zeit und Ruhe für ihre innere Versenkung halfen nichts.«

Ich hole kurz Luft, weil ich merke, wie mir nun doch die Worte leicht von der Zunge gehen. Schnell und sicher bewegt Bartholomeus die Schreibfeder von links nach rechts, von oben nach unten.

»So kam meiner Mutter die Idee, dass sie sich zwar an den, in ihren Augen, albernen Spielen ihrer Altersgenossen beteiligte, sich aber innerlich zurückzog und mit den Gedanken an Gott beschäftigte. Aber auch hiermit kam sie nicht durch. Eine Freundin verpetzte sie, als sie zu oft den Witzen und Gedankengängen der anderen Kinder nicht folgen konnte, weil sie durch ihr inneres Gebet abgelenkt war. Was ihr blieb, waren nur die Nächte. Fast jede Nacht kniete sie vor dem Bett auf dem steinernen Boden und betete mit einem kleinen Holzkreuz in der Hand. Leider konnte ihre Tante oft nicht schlafen und bei einem nächtlichen Kontrollgang durch die Burg ertappte sie meine Mutter dabei. Fortan überschüttete sie diese mit häuslicher Arbeit, damit sie keinerlei Energie mehr für die Versenkung haben sollte. Was für eine schreckliche Frau, Bartholomeus, was für eine schreckliche Frau! Oh, schreib das nicht«, füge ich hinzu, als die Feder des Schreibers nicht ruht, »ich will nicht schlecht reden über Menschen, die längst nicht mehr unter uns weilen.«

»Aber es sollte Erwähnung finden«, erwidert Bartholomeus, »es sind immer die Widrigkeiten, mit denen sich die Heiligen herumschlagen müssen, die es auszuhalten gilt!« *Heilige?*, schießt es mir durch den Kopf, ist meine Mutter das gewesen? Ich vermag es nicht zu beurteilen, aber Bartholomeus' Worte machen mir Mut. Ich hole weiter aus: »Was die Tante nicht wusste, war, dass meine Mutter mit wirklich wenig Schlaf zurechtkam und jede Aufgabe, die ihr aufgetragen wurde, als Prüfung ansah, die es zu bestehen galt. Ohne es zu ahnen, erreichte die Tante also genau das Gegenteil von dem, was sie wollte. Sie stärkte meine Mutter in ihren Bemühungen, ihren Glauben zu leben. Sie betete nach wie vor halbe Nächte lang. Doch all das nützte nichts, mit dreizehn Jahren wurde sie verheiratet.«

An dieser Stelle schüttelt Bartholomeus missbilligend den Kopf. Ich beeile mich fortzufahren: »Natürlich gegen ihren Willen, denn sie wollte nach wie vor einzig und allein

eine Braut Christi sein. Doch was man sich wünscht und
was man bekommt, sind oft unterschiedliche Dinge. In der
Ehe erging es ihr dann aber erstaunlicherweise gut, denn
mein Vater zeigte sich als mitfühlender und sorgender Ehe-
partner, der auch seine Kinder über alles liebte. So erzählte
Mutter oft von ihm voller Liebe im Herzen. Sie bekamen
durch Gottes Gnade acht Kinder. Besonders lag ihr meine
Schwester Katharina am Herzen, ihr fühlte sie sich besonders nah. Das war für mich nicht immer leicht, tut hier aber
nichts zur Sache.«

Nun muss ich doch die Sitzhaltung wechseln und rutsche auf dem Stuhl etwas nach vorn. »Es war eine unruhige
Zeit auf unserem Gut. Mein Vater war oft unterwegs, es galt
Kriege zu verhindern und Zwistigkeiten beizulegen. Mit 32
Jahren wurde meine Mutter an den Hof ihres Cousins König Magnus II. und seiner Frau Blanche gerufen. Diese war
jung und dem Luxus verfallen. Auch Magnus war nicht viel
besser. Er machte Schulden im ganzen Land und begann,
gegen den ausdrücklichen Rat meiner Mutter, einen Krieg
gegen Russland. Ich weiß noch, dass sie ganz verzweifelt
war und sie nie wirklich begreifen konnte, was ihn dazu an-
getrieben hatte. Vielleicht dachte er, er könnte damit seiner
Frau und seinem Volk seine Männlichkeit demonstrieren,
denn jeder in ganz Schweden wusste, dass er völlig unge-
eignet war, ein Volk zu regieren. Mutter bezeichnete ihn oft
als kleines, verwöhntes Kind, das nie erwachsen geworden
war und trotzig auf seine Rechte beharrte. Dass er als König auch Pflichten gegenüber seinem Volk hatte, blendete er
völlig aus. Meine Mutter konnte mahnen und predigen wie
sie wollte, es half alles nichts.«

»Oft sind es die Reichen und angeblich Mächtigen, die sich nicht zu benehmen wissen«, wirft Bartholomeus trocken ein, ohne von seiner Schreiberei aufzublicken.

»Oder die gestraft sind mit mangelnder Einsicht«, setze ich hinzu. »Am Hofe war es für meine Mutter nach einer Weile nur noch schwer auszuhalten, denn oft wurde sie von Magnus als Hexe bezeichnet und das war ein Titel, der ihr schnell den Tod hätte einbringen können. Jeden Morgen fragte er meine Mutter, was sie denn in dieser Nacht wieder Verrücktes geträumt habe. Dabei waren ihre Träume viel mehr gewesen als bloße nächtliche Träumereien. Du musst wissen, Bartholomeus, dass meine Mutter Visionen hatte, echte Visionen, verstehst du? Sie gaben ihr Mut, trieben sie immer wieder an, ihre Meinung zu sagen und auch den König zu tadeln.«

Bartholomeus schaut mich mit großen Augen an. »Bewundernswert«, sagt er leise, »mutig und bewundernswert war deine Mutter.«

Ich nicke. »Den Krieg hatte Magnus, wie meine Mutter es prophezeit hatte, verloren. In seiner Burg kümmerte sie sich, wie schon zuvor Zuhause, um die Armen und Kranken. Sie trug mit der Zeit immer einfachere Kleidung und hielt Maß an dem, was sie aß und trank. Das passte dem Königspaar immer weniger. Als sie eines Tages beim Durchtreten des Burgtores von einem Fenster aus mit schmutzigem Wasser übergossen wurde, hatten sie endgültig genug von ihr. Meine Mutter durfte wieder nach Hause zurück. Ich weiß noch, dass es schwer war, sie wieder daheim zu haben. Erst war es schwer gewesen, sie gehen zu lassen, dann war es schwer gewesen, als sie wieder da war. Das normale Ehe-

und Familienleben fiel ihr nach der langen Trennung schwer und sie überredete meinen Vater zu einer Pilgerreise nach Santiago de Compostela an das Grab des heiligen Jakobus. Zuerst war er nicht recht überzeugt von ihren Plänen, denn es war ein langer Fußmarsch bis dorthin. Er würde sie durch viele Länder führen und es herrschte Krieg zwischen England und Frankreich. Aber meine Mutter ließ sich nicht von ihrem Plan abbringen, und so brachen sie eines Morgens auf ins spanische Königreich. Wir Kinder blieben zurück mit bangem Herzen. Mein Vater, dem meine Mutter selbsttätig Lesen und Schreiben beigebracht hatte, damit er sich nicht nur mit Pferden und Waffen gut auskannte, sondern in seinem Amt als Richter auch lesen und verstehen konnte, was auf dem Papier stand, zeigte sich sehr wissbegierig und offen für die Worte Gottes. Es war, als wäre eine neue Frömmigkeit in ihn eingezogen. Später berichtete eine Freundin meiner Mutter mir, dass sie ihr anvertraut hatte, dass sie auf dieser Reise völlig enthaltsam lebten, was das normale Eheleben betraf. Meinem Vater war das, glaube ich, am Anfang sehr schwergefallen, denn sie hatten schon oft von den Wonnen der fleischlichen Lust gekostet und uns Kinder gezeugt. Aber auf dieser Reise zügelten sie sich, sie blieben stark und richteten sich ganz auf Gott aus.«

Erstaunt nehme ich wahr, dass Bartholomeus bei meinen letzten Worten rot angelaufen ist. Mit fragendem Blick schaut er mich an. Anscheinend verschlägt es ihm bei diesem Thema die Sprache. Manchmal frage ich mich wirklich, ob die Geistlichen denn nicht verstehen, dass auch ihre Zunft ohne die fleischlichen Wonnen aussterben würde. Irgendwoher muss der Nachwuchs ja kommen! Also gebe ich dem immer noch dunkelroten Mönch die Antwort: »Ich gebe zu, dass ich die Freundin meiner Mutter später sehr drängte, mir auch davon zu berichten, denn meine Mutter selbst schwieg darüber geflissentlich. Es schickte sich wohl nicht, mit seinen Kindern über so etwas zu sprechen.«

Ich zwinkere Bartholomeus zu und es sieht so aus, als würde er mir nun wieder folgen können. »Nach den Erzählungen meiner Mutter war es eine überaus schöne Zeit, und mein Vater und sie kamen sich auf eine Art und Weise nahe, die sie auf der heimatlichen Hofstatt nie kennengelernt hatten. Sie liebten sich auf der geistigen, freundschaftlichen Ebene und waren sich sehr zugetan. Leider zog sich mein Vater auf dem Rückweg ein Fieber zu und es war abzusehen, dass er nicht mehr lange leben würde.«

Ich seufze auf bei diesem Gedanken. Schlimm ist es für uns Kinder gewesen, die Angst um Vaters Tod mit Mutter zu teilen, aber wir waren ja schon groß und hatten unseren eigenen Weg, damit zurechtzukommen. »Er beschloss deshalb, seine letzten Tage nach der Rückkehr nach Schweden in ein Kloster zu gehen. Meine Mutter begleitete ihn und zog in eines der Gästezimmer des Klosters ein. Sie war sehr traurig, als mein Vater schließlich starb. Viele Jahre hatte sie glücklich an seiner Seite gelebt. Nun war sie Witwe und sie fragte sich, was sie mit ihrem weiteren Leben anfangen sollte. Wir Kinder waren schon erwachsen und brauchten sie nicht mehr wirklich.«

Ich mache eine Pause und hänge für einige Momente meinen eigenen Erinnerungen und Gedanken nach. Ein Räuspern von Bartholomeus holt mich in die Gegenwart zurück.

»Sie musste nicht lange überlegen oder untätig herumsitzen und warten«, sage ich schnell, »schon als Kind hatte sie immer wieder Offenbarungen gehabt, aber im Laufe der Jahre waren diese seltener geworden. Nun kamen sie mit aller Macht und Deutlichkeit zurück. Sie sah und hörte Jesus Christus. Er teilte ihr mit, dass nun ihre Zeit als seine Braut gekommen sei, sie solle fortan sein Sprachrohr sein und seinen Willen öffentlich verkünden. Nichts war ihr lieber als das. Mit der Zeit sprach Jesus immer öfter zu ihr und sie bekam den Auftrag, ein Kloster zu gründen. Von Magnus hatte sie ein Gut am Vätternsee dafür überlassen bekommen. Ach, der Vätternsee, er war wie ein kleines Juwel für meine Mutter. Sie liebte diesen See und dieses Kloster an seinem Ufer sehr. Das hatte sie mir jedenfalls immer wieder erzählt. Sie schätzte seine Reinheit und Klarheit, die ihr wie die Seele einer Heiligen vorkam. Sie entwarf neue Regeln für das Leben der Mönche und Nonnen in diesem Doppelkloster. Alle zusammen sollten einer Äbtissin unterstehen. Um das alles einführen zu können, musste der Papst diese Ordensregeln anerkennen.«

»Ich weiß«, wirft Bartholomeus ein, »dafür ist sie nach Rom gereist, nicht wahr?«

Ich nicke. »Von der ewigen Stadt hat sie lange gesprochen, von der ursprünglichen Schönheit der Bauten, dem strahlenden Weiß der Straßen, das nur noch an wenigen Orten zu erahnen war, denn als sie dort mit ihrem Gefolge ankam, war der Stuhl Petri verwaist und der Papst residierte im französischen Avignon und war abhängig vom französischen Königshaus. So schön die Stadt einst gewesen sein mochte, so roch sie jetzt nach Verwahrlosung und

Verrohung. Viele der Kirchengebäude waren verfallen und dienten als Abort für die Menschen. Rumtreiber lungerten auf den Gassen herum und belästigten die Pilger. Man war sich seines Lebens nicht mehr sicher und viele hochgestellte Persönlichkeiten gingen nur mit einem metallenen Panzer unter der Kleidung vor die Türe. Als meine Schwester Katharina meiner Mutter nach Rom folgte, hatte sie stets große Angst um ihre Tochter gehabt, denn sie war groß gewachsen und hatte lange blonde Haare. Man hörte an allen Ecken von Schändungen junger Mädchen. Aber Gott hielt ein Auge auf sie und trotz manch brenzliger Situation verlebten sie eine ruhige Zeit in Rom. Jesus Christus hieß meine Mutter dort zu bleiben, um zu predigen und zu mahnen. Und sie kam seinem Auftrag nach, obwohl ihr die sommerliche Hitze sehr zu schaffen machte. Einmal besuchte auch ich sie dort. Ich konnte damals überhaupt nicht verstehen, wieso sie nicht wieder nach Schweden gezogen waren. Die Stadt zeigte sich mir nur von ihrer schlechten Seite. Sie war lasterhaft, laut und im Sommer unvorstellbar heiß. Die Engelsburg war verwaist und viele Gebäude waren verfallen. Bäume gab es kaum, denn die Trockenheit im Sommer verhinderte ein gesundes Wachstum der Natur. Aber ich schweife ab ...«

Bartholomeus klopft leicht nervös mit den Fingern auf das Pergament. Der Geduldigste scheint er ja nicht zu sein. War er es nicht, der vorhin gesagt hatte, ich solle einfach draufloserzählen? Er würde das schon sortiert bekommen? Nun gut, so versuche ich nun meine Gedanken wieder zu bündeln.

Ich erzähle weiter: »Die Kleriker hielten sich vielerorts

nicht an das Zölibat, im Gegenteil. Zur Erfüllung ihrer Gelüste gingen Frauen bei ihnen ein und aus. Oft fragte Mutter sich, wo sie da nur hingeraten war. Ein Erzbischof empfahl dem Papst sogar, dass man das Zölibat vielleicht aufheben solle, und wer als Priester heiraten wolle, solle dies auch tun dürfen.«

Bartholomeus verschluckt sich und hustet vernehmlich, ich übergehe das und fahre fort: »Darüber war meine Mutter sehr wütend. Sie hielt dagegen, dass dies nicht von Gott gewollt sei und alle Priester, die heirateten, in der Hölle landen würden. Huren trieben sich auch tagsüber auf den Straßen herum. Das war für meine Mutter unerträglich. Sie eröffnete ein Haus, in dem sie Zuflucht finden konnten. Sie unterrichtete sie in der heiligen Schrift und gab ihnen Kleidung und Nahrung, wie es sich für Geschöpfe Gottes ziemte. Die meisten von ihnen heirateten später oder gingen in ein Kloster. Das war eine Genugtuung für sie. Immerhin war das ein kleiner Sieg gegen den alltäglichen Anblick des öffentlichen Sittenverfalls in Rom. Für ihre Arbeit wurde sie oft beschimpft, aber das hielt sie nicht davon ab, im Gegenteil. Später eröffnete sie sogar ein Haus für die Pilger. Immer wieder beschwor sie den Papst nach Rom zurückzukehren. Der Stuhl Petri war schon so viele Jahre verwaist, doch meine Mutter war sich sicher, dass der Stellvertreter Christi nach Rom in die Engelsburg gehörte. Es machte sie sprachlos, dass er lieber im fernen Avignon residierte und nicht von selbst auf den Gedanken kam, in Rom die klerikale Ordnung wiederherzustellen. Sie hatte das Gefühl, dass es ihn überhaupt nicht interessierte. Aber wie ein König sein Volk führen muss, so muss auch der Papst seine Gläubigen, seine Schafe hüten, für sie sorgen und ein Vorbild sein. Meine Mutter hörte Furchtbares aus Avignon. Auch der Papst soll sich viele Gespielinnen gehalten haben und faul und fett geworden sein. Buße und Hingabe waren anscheinend Fremdwörter für ihn. Dabei wäre es so einfach gewesen, denn meine Mutter forderte keine neue Kirchenstruktur, sie forderte nur ein Wiederfinden von alten Werten, einen Weg zurück zu Ehrbarkeit, Liebe und Hingabe. Nie wollte sie als Anklägerin auftreten, sondern nur als Mahnerin. Nie zweifelte sie die Grundstruktur des Klerus an oder gar den heiligen Stand des Papstes. Sie mahnte zur Bekehrung der Menschen, damit die heilige katholische Kirche nicht ausstarb.«

»Warte einen Augenblick«, sagt Bartholomeus, »meine Hand kommt deinen Worten nicht nach.« Ich halte inne, bis die Feder stoppt und fahre dann fort.

»Während ihrer Zeit in Rom begab sich meine Mutter auch mehrmals auf Pilgerfahrten.«

Bei diesen Worten gerate ich ins Stocken. Der Redefluss ist weg, das mag an der Unterbrechung liegen, vielleicht aber auch am Inhalt dessen, was nun folgt. Bartholomeus hat sich schon daran gewöhnt, dass ich von Zeit zu Zeit Pausen mache und meinen Gedanken und Erinnerungen nachspüre. Ein besonderes Erlebnis, das meine Mutter mir über die Pilgerreisen erzählt hat, tritt nun blitzartig und vordergründig in mein Denken. Es lässt mich an den Vogel draußen auf der Esche denken, den ich sah, als ich zur Schreibstube ging.

Sie erzählte mir nämlich einmal, dass sie bei ihren langen Wanderungen manchmal von einem Falken begleitet wurde, der ihr über längere Zeit nicht von der Seite gewichen war. Fast wurde er zu einem guten Freund für sie, denn sie hielt Zwiesprache mit ihm. Ich fand das damals seltsam, und so etwas ist mir nie wieder zu Ohren gekommen. Umso erstaunlicher ist es, dass jetzt ein Falke in diesem Moment in einem Baum ganz in der Nähe sitzt. Ich verschweige das, Bartholomeus muss nicht alles wissen. Aber das Leben meiner Mutter ist sowieso überaus erstaunlich gewesen und es passt, dass der geheimnisvolle Vogel jetzt in meiner Nähe ist, während ich von ihr berichte. Ob es ein letzter Gruß meiner Mutter ist? Es gibt keinen Tag, an dem ich sie nicht vermisse. Ich sammle meine Gedanken, ordne sie erneut. Ich will ja nichts vergessen. Bartholomeus wartet diesmal geduldig.

»Kurz bevor sie schließlich nach der Rückkehr von einer Pilgerreise ins gelobte Land in Rom starb, hatte sie das Gefühl, in ihrem langen Leben nicht wirklich viel ausgerichtet zu haben. Der Papst war nach einem kurzen Aufenthalt aus Angst vor Hinterhalt und Ermordung wieder nach Avignon zurückgekehrt. Rom war immer noch die Heimat von Strauchdieben und Klerikern, die ihr Amt verfehlten und viele Kirchengebäude waren nach wie vor in einem schlechten Zustand. Doch nach ihrem Tod haben viele Menschen begriffen, dass sie einiges erreicht hatte. Sie hatte als Frau ihre Stimme erhoben und das Wort Gottes weitergegeben. Sie hatte gemahnt und getadelt. Sie hatte kein Blatt vor den Mund genommen, auch wenn sie viele als Mannsweib dahingestellt hatten und ihr nachgesagt wurde, dass sie nur ein hysterisches Weib mit zu vielen Träumen sei. Aber das ist meine Mutter nicht gewesen. Darf nicht auch eine Frau ihre Meinung zu kirchlichen Begebenheiten öffentlich kundtun?«

Wieder ein Räuspern von Bartholomeus. Ich erwarte schon einen Widerspruch, doch zu meiner großen Überraschung sagt er: »Ich bin mir sicher, dass durch das Handeln, durch das Wirken deiner Mutter der Sockel bereitet wurde, auf dem Katharina von Siena glänzen konnte.« Ich nicke zustimmend.

Die letzten Worte sind schnell erzählt. Meine Glieder sind steif und nur mit Mühe kann ich mich erheben. Ich trete zur Tür und bedanke mich bei Bartholomeus für seine Geduld.

»Danke, dass du mir deine Ohren, deine Zeit und deine Hände zum Schreiben geliehen hast«, sage ich, »so werden die Taten meiner Mutter nicht in Vergessenheit geraten.« Ich stehe an der geöffneten Tür und die letzten Worte, die ich spreche, werden übertönt vom Ruf des Vogels, an den ich eben noch gedacht habe.

Ich schaue hinaus und sehe gerade noch, wie er hinter den Bäumen verschwindet. Er muss die ganze Zeit hier auf der Esche gesessen haben, während ich die Geschichte meiner Mutter erzählt habe. Ein schönes Zeichen. Auch er trägt die Erinnerung an sie mit sich. Mein Herz quillt über vor lauter Liebe zu meiner Mutter, zu meiner so vermissten Mutter. Denn obwohl ich so alt an Jahren bin, bin ich doch noch immer ihre Tochter.

DER FALKE *hat Zeugnis genommen und mit einem letzten Blick auf die kleine alte Frau, die ihm mit einer Hand vor den Augen neugierig nachschaut, schraubt er sich mit kräftigen Flügelschlägen in die Höhe. Über den Vätternsee fliegt er davon in die glänzende Sonne.*

STECKBRIEF: BIRGITTA VON SCHWEDEN

1303	Geburt auf Gut Finsta bei Uppsala in Schweden
1310	Erste Visionen
1316	Heirat mit 13 Jahren
1335	Leben am Hofe des Königs Magnus
1339	Wallfahrt mit ihrem Mann zum Grab des Heiligen Olafs in Trondheim, Norwegen
1341	Pilgerreise zusammen mit ihrem Mann nach Santiago de Compostela in Spanien
1344	Tod ihres Mannes
1346	Gründungslegung eines Doppelklosters in Vadstena am Vätternsee
1349	Umzug nach Rom, sie lebt dort mit ihrer Tochter Katharina bis zu ihrem Tod
1370	Ihr Kloster untersteht der Augustinerregel durch Papst Urban VI.
1372	Wallfahrt mit ihren Kindern über Zypern ins Heilige Land
1373	Tod in Rom
1373	Überführung ihres Leichnams durch ihre Tochter in das Kloster Vadstena
1378	Anerkennung der Satzungen des Klosters von Birgitta als Ergänzung zur Augustinerregel von Papst Urban VI.
1391	Heiligsprechung durch Papst Bonifatius IX.
1999	Ernennung zur Mit-Patronin von Europa zusammen mit Katharina von Siena und Edith Stein durch Papst Johannes Paul II.

WISSENSWERTES Birgitta kam als Tochter eines Richters und einer Verwandten des schwedischen Königs zur Welt. Obwohl sie sich selbst für ein Leben für Gott bestimmt sah, wurde sie zur Heirat gezwungen. So wurde ihr Leben praktisch in zwei Hälften geteilt: Zuerst war sie Ehefrau und Mutter von 8 Kindern und nach dem Tod ihres Mannes eine Braut Christi. Sie war Mahnerin und Prophetin, die sich als Sprachrohr Gottes empfand und offen Missstände ansprach. Sie verlegte ihren Lebensmittelpunkt nach Rom, um von dort aus den Papst zu einer Rückkehr zu bewegen. Außerdem hoffte sie, dass er ihren Orden anerkannte. Dies geschah jedoch erst nach ihrem Tod.

Ihre Tochter Katharina kehrte mit dem Leichnam ihrer Mutter nach Schweden zurück und ließ ihn in dem von ihrer Mutter gegründeten Kloster in Vadstena am Vätternsee bestatten. Es kam zu einer regelrechten Birgitten-Bewegung, sodass in mehreren Ländern Klöster nach ihr benannt und gebaut wurden. Auch heute gibt es noch Birgitten Klöster. Birgitta von Schweden lebte in einer Zeit, in der die Glaubensspaltung begann und auch der Hundertjährige Krieg zwischen Frankreich und England fand dort seinen Anfang. Die lasterhaften Zustände in Rom wurden 150 Jahre später noch von Martin Luther beklagt. Birgitta ist die Schutzheilige Schwedens.

ÜBRIGENS: Dante veröffentlichte 1321 seine »Göttliche Komödie«. 1342 hatte das Magdalenenhochwasser für viele mitteleuropäische Regionen abrupte Bodenerosionen zur Folge. Brücken wurden zerstört, Flussläufe änderten sich und es kam zu Hungersnöten.

KATHARINA VON SIENA:
Urbans Bußgang

»Sie war Gott stets gefolgt, vertrauensvoll, und sie wird ihm
auch weiterhin folgen, trotz der Zweifel. Egal wohin.«

DER FALKE *kreist hoch über den Zinnen der Engelsburg in
Rom. Unter ihm glitzert ruhig und sanft der Tiber. Der Blick
des Falken heftet sich auf einen Mann, der einer langen Prozession voranschreitet. Auf bloßen Sohlen zieht er in die Engelsburg
ein. Es ist der 29.04.1379. Viele Menschen stehen dabei, sie freu-
en sich, manche aber scheinen sich zu sorgen.*
*Der Falke sucht nach jemandem in der Menge. Nach kurzem
Zögern wendet er seinen scharfen Blick über den Strom und heftet ihn auf die Kirche Santa Maria sopra Minerva. Nur wenige
Flügelschläge seiner schnellen Schwingen reichen aus und er findet, wonach er sucht.*

Katharina hat Fieber, sie wälzt sich auf ihrem Kranken-
lager hin und her. Ihre ‚famiglia' ist bei ihr und betreut sie.
»Wieso freut sie sich nicht, dass Urban wieder in Rom ein-

gezogen ist? Schaut, sie ächzt und stöhnt, dabei ist es doch gut, dass der Gegenpapst vertrieben wurde.« Allesa reibt Katharinas Gesicht mit einem feuchten Tuch ab. »Lasst sie, sie wird ihre Gründe haben.«

Wie durch einen Nebel hört Katharina die Stimmen um sich herum. Dumpf, irgendwie nicht real. Eine Weile versucht sie ihnen zu lauschen, aber es ist zu anstrengend. Die Stimmen verlieren sich im Nebel des Fiebers. Dafür taucht die Engelsburg vor ihrem inneren Auge auf, die Zinnen bekrönt mit Menschen und Soldaten. Katharina hat das Gefühl, hoch über dem Geschehen zu schweben und mit den Augen eines Vogels zu sehen. Die Menschen drängeln sich oben auf der Engelsburg und schauen angestrengt nach unten. Auch Katharina senkt nun ihren Blick. Gestochen scharf ist er und weit. Ihre Arme sind Flügel, fast schwerelos bewegt sie sich über der gebannten Menschenmenge, die auf einen Punkt unten starrt. Jeder hat einen nicht zu deutenden, wie versteinerten Gesichtsausdruck.

Plötzlich bemerkt Katharina eine Reihe von Menschen, die hintereinander gehen, die Köpfe zu Boden gesenkt. Sie scheinen sich zu schämen. Aber wofür denn? Einer geht im Büßergewand vorweg. Alle sind barfuß. Die Menschen auf den Zinnen klatschen nicht, sie stehen nur da und schauen zu, wie die Prozession näherkommt. Niemand reitet auf einem Pferd, alle gehen zu Fuß. Mit einem freudigen Schauer erkennt Katharina, wer da unten in die Engelsburg einzieht.

»Das ist ja Urban. Er kommt zurück, Gott sei gedankt«, ruft sie, doch ihr Mund ist ein Schnabel und der Falke stößt einen Schrei aus. Ein Soldat unter ihr dreht sich um und flüstert heiser einem anderen Soldaten zu: »Ja, er kehrt zurück, aber zu welchem Preis kehrt er zurück!«

Katharina hört es so deutlich als stünde sie neben ihm. Sie wirft einen genaueren Blick auf den Mann und erstarrt. Erst jetzt bemerkt sie, dass er verletzt ist. Alle Menschen oben auf der Engelsburg haben grausame Verletzungen. Keiner von ihnen ist unverwundet. Fürchterliches Entsetzen packt sie und sie fängt laut an zu schreien. Panisch schlägt sie mit den Armen um sich, der Falke dreht ab. Der Schrei verklingt.

»Da, hört doch, wie sie schreit!«, ruft ein Mann. Katharina erkennt in ihm die Stimme ihres Beichtvaters Reimund von Cupa. Sie ist zurück in ihrer Kammer, sieht mit ihren eigenen Augen, hört mit ihren eigenen Ohren. Sie liegt noch immer schwerkrank auf ihrem Lager und hat das Erlebnis auf der Engelsburg nur geträumt. Oder war es eine Vision, wie schon in ihren frühen Kindheitstagen?

Aber dieser klare Moment ist nur von kurzer Dauer, Katharina versinkt in einem unruhigen Wirrwarr von Gedanken. Sie versteht, dass die versteinerten Mienen der Menschen auf der Engelsburg den Menschen gehören, die ihr Leben bei dem Kampf von Papst Urbans Truppen gegen die von Papst Klemenz gelassen haben. Immer wieder, immer mehr vermischen sich traumhaftes Erleben und reale Gedanken im Fieberwahn. Manchen Gedanken vermag sie für eine Weile zu folgen. Sie denkt an Urban. Sie ist froh, dass der rechtmäßige Papst wieder in Rom eingezogen ist. Doch in ihren Ohren dröhnen immer wieder die folgenden Worte: »Zu welchem Preis! Zu welchem Preis!«

Katharina wälzt sich hin und her, sie kann ihre Gedanken nicht bändigen, nicht sortieren. Ja, zu welchem Preis, das fragt sie sich. Wieso musste es zu so einem Blutvergießen kommen und wieso hatte sie es nicht geschafft, einen Krieg zwischen den Gläubigen abzuwenden? Hatte sie denn nicht alles gegeben? Sicher, nur durch ihre Mahnungen und Aufforderungen ist der Papstsitz nach über 70 Jahren von Avignon wieder nach Rom verlegt worden. Aber das war ja alles nur von kurzer Dauer. Wenn sie es sich recht überlegt, ist ihr Leben vergeudet. Ja, einfach vergeudet.

Sie hätte es anders anpacken müssen, da ist sie sich jetzt sicher. Aber wie? Was hätte sie anders machen können? Wo einen anderen Weg gehen können? Dabei ist sie doch schon so weit gegangen. Es ist schwer, in der Kirche überhaupt etwas zu bewegen. War sie schließlich nicht nur ein einfaches Weib? Wie bekommt man als Frau Einfluss auf die Männer der Kirche, wenn diese grausam und nur auf ihren eigenen Vorteil aus sind?

Es scheint, als wäre es egal, wer auf dem Stuhl Petri sitzt. Die Macht lässt einen jeden seine Versprechungen vergessen. Es ist, als hätte der Teufel seine Hände auf die Mächtigen gelegt. Teufel, Teufel, Teufel. Wieder schallt ein Schrei durch den Raum. »Nein, nicht der Teufel. Nicht er!«

Ein Gebet wird gesprochen, wer betet da? Ist es Reimund? Nein, es sind die Worte eines anderen. Die leisen Worte, voller Inbrunst gesprochen, beruhigen sie. Es ist Felippo. Der Gute, er weilt also auch an ihrem Lager. Katharinas Gedanken ziehen weiter, in eine andere Richtung. Nach Frankreich. Dort sitzt Klemens auf dem Papstthron. Wie konnten die französischen Kardinäle nur einen Gegenpapst wählen! Und wäre das nicht schon schlimm genug, wählten sie den grausamsten Menschen, den sie kannte, zum Gegenpapst von Urban.

Wieder hat sie das Gefühl zu fliegen, mit klarem Blick zu schauen. Kraftvoll bewegt sie sich hoch über einer anderen Stadt. Reiterlose Pferde galoppieren in Panik durch die Gassen, überall liegen Menschen, von Schwertern erschlagen. Soldaten ziehen durch die Stadt und töten jeden, egal ob Mann, Frau oder Kind. Und Klemenz gab den Befehl dafür. Sie stöhnt so laut, als wäre auch gegen sie das Schwert erhoben worden.

Eine Hand streicht ihr sanft über den Kopf, Katharina schreckt hoch. Sie ist sich nicht sicher, ob sie nun wach ist. Zu sehr vermischen sich in letzter Zeit Wirklichkeit und Traum. Bestimmt ist es die gute Alessa, die sie versorgt. Ihre Freundin und Schreiberin. Welch langen Weg sind sie zusammen gegangen! Dann muss sie an früher denken, an ihre Kindheit und Jugend im Haus ihrer Eltern. Ein Lächeln zieht über ihr so junges und doch dem Tod geweihten Gesicht. Wie schön war es früher dort gewesen. Und sie hatte in dieser Zeit auch etwas ganz Besonderes in ihr selbst entdeckt: ihren eigenen inneren Raum. Dorthin konnte sie seitdem immer und zu jeder Zeit für ein Gebet gehen.

Katharinas Gedanken ziehen weiter. Die Opfer von der Engelsburg kommen ihr wieder in den Sinn. Sie möchte aufstehen, irgendetwas machen, doch sie schafft es nicht, sich zu erheben. Wie schrecklich hier auf diesem Lager zu liegen und auf den Tod zu warten. Katharina fühlt plötzlich eine ungeheure Wut in sich aufsteigen. Hatte sie denn nicht alles getan, was Gott von ihr verlangt hatte?

Sie hatte gegen den Willen ihrer Eltern gehandelt und nicht geheiratet, hatte sich immer wieder gegen Widerstände behaupten müssen. Hatte immer ihre Liebe an andere, oft fremde Menschen weitergegeben. Sie erinnert sich, wie furchtbar es war, den zum Tode Verurteilten den Kopf zu halten, während der Henker sein Urteil vollstreckte. Aber sie konnte einfach nicht anders. Sie musste helfen und den Menschen ihre Liebe zeigen. Aber wo war in diesem Moment Gott und seine Liebe? Manches Mal hat sie gezweifelt, aber immer war sie ihren Weg weitergegangen.

Eine andere Erinnerungsblase steigt in ihr auf. Das Haus der Aussätzigen. Wie oft hatte sie ihnen Wasser gebracht und die Wunden der Menschen dort behandelt oder in Zeiten der Pest den Menschen geholfen, sie gepflegt und das wenige Essen mit ihnen geteilt. Trotz ihrer Zweifel hatte sie ein Kloster für Frauen gegründet, war durch viele Länder gereist, hatte Menschen Rat und Trost gespendet. Aber wozu? Sie hatte zwar beraten und angeleitet, aber die Mächtigen lassen sich nicht wirklich leiten, zu tief ist der Wunsch nach der alleinigen Macht. Mit Grausamkeit erreichten sie diese und mit Grausamkeit wird sie erhalten. Daraus kann nichts Gutes entspringen. Wo ist hier der Plan Gottes? Wieso lässt er die Teilung der Kirche zu?

70 Jahre war der Stuhl Petri in Rom verwaist und nun, wo hier wieder ein Papst regiert, kommt es zum Krieg der Gläubigen? Das ist nicht gerecht! Hat sie auch nur irgendetwas von Dauer erreicht? Liegt sie nun nicht hier auf diesem Lager, hilflos und zur Untätigkeit verdammt? Die vielen Fragen schwirren ihr im Fiebernebel umher. Ein kühlender Lappen wird ihr auf die Stirn gelegt und sanfte

Hände halten die ihren. Sie hört Alessa sagen: »Es ist gut, wir sind bei dir, Mutter. Wir lassen dich nicht zurück.«

Mit diesen Worten kehrt Frieden in Katharinas Herz ein. Denn diese Worte hätten von ihr stammen können. Auch sie hat keinen zurückgelassen. Und vor allem Gott nicht. Sie war Gott stets gefolgt, vertrauensvoll, und sie wird ihm auch weiterhin folgen, trotz der Zweifel. Egal wohin. Ihr Herz wird ruhig, sie lächelt, Gott wird es gut machen. Alles wird gut und richtig sein. »Ich habe verstanden«, sagt sie zu dem großen Vogel, der auf der Kirche sitzt und ihr Auge und Ohr geliehen hat. »Flieg weiter«, ich habe verstanden.

DER FALKE *erhebt sich, stößt einen letzten Ruf aus und verschwindet in den blauen Himmel über Rom. Er hat ein neues Ziel.*

STECKBRIEF: KATHARINA VON SIENA

1347	Geburt in Siena
1353	erste Vision
1354	Jungfräulichkeitsgelübde
1363	Eintritt in den Orden der Dominikanerinnen
1374	Katharina muss vor den Oberen ihres Ordens in Florenz erscheinen und Auskunft über ihr Verhalten geben
1375	Sie erhält die Stigmata Christi
1376	Reise nach Avignon, um den Papst (Gregor XI.) zu einer Rückkehr nach Rom zu bewegen
1377	70 Jahre nach dem Exil zieht der Papst (Gregor XI.) wieder in Rom ein
1378	Papst Urban VI. wird Papst in Rom, Papst Klemenz VII. wird Gegenpapst in Avignon - Beginn eines vierzigjährigen Schismas
1379	Katharina kämpft für den Frieden und unterstützt Papst Urban, der in die Engelsburg einzieht
1380	Sie stirbt nach langer Krankheit in Rom, an ihrem Grab sollen sich in der Folge Wunder ereignet haben
1461	Heiligsprechung Katharinas durch Papst Pius II.
1939	Sie wird zur Schutzpatronin Italiens erklärt
1970	Ernennung zur Kirchenlehrerin durch Papst Paul VI.
1999	Ernennung zur Schutzheiligen des europäischen Kontinents (zusammen mit Birgitta von Schweden und Edith Stein) durch Papst Johannes Paul II.

WISSENSWERTES Katharina wurde 1347 als 24. Kind ihrer Eltern in Siena geboren. Mit sieben Jahren hatte sie ihre erste Vision, worauf sie das Jungfrauengelübde ablegte und sich weigerte, zu heiraten. Fortan geißelte sie sich selbst und fastete streng. Gegen den Widerstand ihrer Eltern wurde sie schließlich mit 16 Jahren in den Orden der Mantellatinnen aufgenommen. Nach Jahren der absoluten Zurückgezogenheit verließ sie nach einer Vision ihre Zelle und half zum Tode Verurteilten, Kranken und Gefangenen. Sie begleitete sie bis zum letzten Schritt und hielt ihren Kopf, während der Henker das Urteil vollstreckte. Sie prangerte aber auch, wie schon zuvor Birgitta, Missstände im Klerus offen an und forderte den Papst auf, sein Exil aufzugeben und wieder nach Rom zurückzukehren. Ganz besonders aber kämpfte sie gegen die drohende Glaubensspaltung. Sie wurde von der Heiligen Inquisition scharf beobachtet und musste sich vor Gericht verantworten. Ihr Körper hielt den Belastungen des ständigen Fastens, des ruhelosen Reisens und den Verletzungen durch die Geißelungen nicht lange stand. Sie starb mit 33 Jahren im Kreise ihrer Freunde in Rom. Die Glaubensspaltung der Kirche, die kurz vor ihrem Tod durch die Wahl eines Gegenpapstes begann, währte über 40 Jahre.

ÜBRIGENS: 1362 kamen bei einer Flut an der friesischen Nordseeküste 200.000 Menschen ums Leben und 10.000 Hektar Kulturland gingen unter. 1337 begann der Hundertjährige Krieg. Die chinesische Mauer wurde während der Ming-Dynastie erweitert. Ihre Ursprünge gehen auf das 7. Jahrhundert v. Chr. zurück.

JOHANNA VON ORLÉANS:
Kämpferin im Auftrag Gottes

»Ich bin keine Sünderin, keine Irrgläubige. Meine Visionen
waren von Gott und ich habe seinen Auftrag ausgeführt!«

*Der Falke überfliegt den Marktplatz von Rouen. Unter ihm ist
ein riesiger Scheiterhaufen aufgeschichtet. In seiner Mitte steht
ein Holzpfahl, an den ein junges Mädchen festgebunden ist.
Nicht weit davon entfernt befindet sich eine große hölzerne Tribüne. Menschen drängen sich auf dem Platz dicht an dicht.*

Johanna steht auf dem Scheiterhaufen, mit derben Stri-
cken ist sie an einen hölzernen Pfahl festgebunden. Ruhig
schweift ihr Blick über die Menge zu ihren Füßen. Ihr Körper ist gefesselt, aber ihre Gedanken sind noch frei.

Dies hier ist also der Endpunkt ihres Lebens. Es hatte
sich zwar in den letzten Monaten angebahnt und auch irgendwie danach angefühlt, doch jetzt, da es soweit ist, wirkt
es nicht real. Wobei sie zugeben muss, dass der Geruch des

Holzes, auf dem sie steht, sehr real ist. Sie schaut hinüber zur Tribüne, wo Gold glitzert und edle Seide raschelt. Es fehlt keiner von den hochwohlgeborenen Herren und Richtern, keiner von den Bischöfen. Sie unterhalten sich munter und unbeschwert, so als würden sie auf ein schönes Theaterstück warten. Johanna verzieht verächtlich die Mundwinkel und automatisch streckt sie ihren Rücken durch. Nein, diese Herren haben sie nicht kleinbekommen. Auch wenn ihr Leben in wenigen Minuten enden wird, hat sie bis zuletzt Gott gedient. Das ist gewiss.

Sie lässt ihren Blick weiterziehen, zurück zur Menge unter ihr. Manche Menschen rufen: »Lasst sie frei, sie hat nichts Unrechtes getan!« Johanna hört das mit Stolz, denn wahrlich hat sie sich nichts vorzuwerfen.

Bischof Couchon erhebt sich, wendet sich der Menge zu, räuspert sich und wartet auf Stille. Dann verliest er die Anklage. Johannas Gedanken schweifen ab, Worte blendet sie aus, sie kehrt in ihr Inneres zurück. Da ist wieder der dunkle und stickige Kerkerraum, in welchem sie lange Monate verbracht hat und ihr Essen gegen die Ratten verteidigen musste. Zudem hatte sie nachts beständig Angst vor den Besuchen sogenannter Edelmänner, die meinten, ihr Körper würde ihnen gehören. In dieser Zeit ist sie oft misshandelt und gequält worden. Noch immer, wenn sie ehrlich ist, spürt sie die Wunden in sich, den Schmerz auf ihrem Körper. Manchmal dachte sie, dass sie keine Kraft mehr in sich hätte, dem standzuhalten. Auch wenn der Geist mehr wog als der Körper, so konnte die Quälerei auch den Geist schinden und zermürben. Einsamkeit und Kälte, das hielt kaum einer auf Dauer aus. Aber immer wieder hatte sie sich innerlich aufgerichtet, hatte Gott bei sich gefühlt. Vorhin noch hatte sie auf dem strohbedeckten Boden im Kerker gesessen und über ihr kurzes Leben nachgedacht. Sie hatte sich gefragt, ob sie heute Abend bei Gott sein würde. Oder ob er sie vielleicht vergessen hatte, weil sie seinen Auftrag nicht gänzlich erfüllen konnte? Zwei Ratten hatten sich um ein Stück trockenes Brot gestritten, das sie achtlos in die Ecke geworfen hatte. Sie hatte fast lachen müssen, denn da, wo sie hingehen würde, würde sie kein Essen und Trinken mehr brauchen. Aber einen Apfel, den hätte sie schon gerne noch gegessen. Wie oft hatte sie nachts im Kerker von blühenden Apfelbäumen und dicken roten Äpfeln aus ihrer Heimat geträumt. Aber dieser Gedanke hatte sie nur kurz erheitert, zu grauenvoll war das, was ihr bevorstand.

Sie hatte sich gefragt, was sie noch mehr hätte tun können. Hatte sie nicht alles versucht, um Gott zu genügen? Und auch ihre Soldaten hatten alles gegeben. Die Hoffnung auf einen guten Ausgang für sich selbst hatte sie schon vor langer Zeit verloren. Spätestens seit sie vor dem Inquisitionsgericht gestanden hatte, hatte sie um ihr Schicksal gewusst. Drei qualvolle Monate hatte der Prozess gedauert, der ihr gemacht worden war. Viele hochangesehene Kleriker waren anwesend gewesen. Noch nie in ihrem Leben hatte sie so viel und so lange reden müssen wie in dieser Zeit. Sie, die gar nicht lesen und schreiben konnte, die völlig ungebildet war, hatte diesen hohen Herren Rede und Antwort stehen müssen. An manchen Tagen hatte sie nicht gewusst, wo ihr der Kopf stand. Es war eine furchtbare Zeit gewesen. Und nun war das Urteil endgültig. Tod durch

Verbrennen. Stark waren ihre Visionen gewesen und doch sollte sie nun so enden. Hatte sie nicht immer wieder gesehen, dass sie Frankreich den Frieden bringen würde, dass Karl VII. wieder alleiniger Herrscher von Frankreich werden würde? War sie nicht die angekündigte Jungfrau aus der Legende, die Frankreich zum Sieg über die englische Besatzung verhelfen sollte? Sie war doch die Jungfrau in der eisernen Rüstung. Konnten denn die Geistlichen und ihr absonderliches Gefolge das nicht sehen?

Es schien, als wären sie blind für die Wahrheit. Was bringt ihnen denn ihr ganzes Wissen ein, wenn sie nicht einmal die Wahrheit sehen können?

Sicher, sie hatte mit ihren Truppen Orléans von den Engländern befreit und den Menschen ihren Frieden wiedergeben. Aber wieso hatte sie nicht mehr erreichen können? Wieso hatte ihr Karl seine Unterstützung entzogen? Dabei hatte sie ihn doch auf den Thron gebracht. Ohne sie wäre er noch immer der Thronerbe ohne Thron. Sie hatte ihm zu seiner Krönung verholfen. Und wie hatte er es ihr gedankt? Gar nicht! Wie hatte sie nur einem so fiesen Verräter vertrauen können! Denn für sie war es Verrat, dass er nichts für ihre Freilassung getan hatte.

In all den langen Monaten, in denen sie im Kerker vegetiert hatte und so viel erleiden musste, hatte er sich dick und fett gefressen, hatte auf seinem glänzenden Thron gehockt. Sicher hatte er kein einziges Mal daran gedacht, dass er diesen nur durch sie hatte besteigen können. Nach ihrem Misserfolg in Paris hatte er sie fallen lassen wie ein Stück heiße Kohle. Dabei hätte sie nur ein wenig mehr Zeit gebraucht. Zeit und Material. Neue Pferde, Waffen und auch mehr Soldaten. Aber nein, Karl hatte sie völlig fallengelassen. Keinen Finger hatte er krumm gemacht, um sie aus der Gefangenschaft zu befreien. Noch nie hatte sie sich in einem Menschen so getäuscht, wie in ihm.

Bruder Isembert hatte ihr schon von Anfang an gesagt, dass Karl ein Weichling sei, der nicht über seinen Tellerrand hinausschauen könne und nur Frauen und Wein im Sinn hätte. Doch sie hatte es nicht glauben wollen. Muss ein König nicht frei von solchen Lastern sein? Muss er nicht seine ganze Kraft sammeln, um seinem Volk in der richtigen Weise dienen zu können?

Nun erst begreift sie vollends, dass Bruder Isembert die Wahrheit gesagt hat. Wenn sie es sich recht überlegt, hat Karl tatsächlich nie wahren Kampfgeist gezeigt. Und nun ließ er überall kundtun, dass er Frieden mit den Engländern wolle. Wie sollte das gehen? Er war ein echter Speichellecker, ein Weichling ohne Charakter. Frankreich war Frankreich und es sollte wieder frei und unabhängig von England werden. Wollte Karl denn sein Land aufteilen, seine Macht teilen? Wo soll das hinführen?

Nein, Frankreich braucht einen endgültigen Frieden und Sicherheit in allen Landesteilen. Wie oft hatte sie als Kind erlebt, dass ihr Dorf von den Engländern überfallen, geplündert und abgebrannt worden war. Das Leben für die Einheimischen war schon schwer genug und die zusätzliche Angst vor den Besatzern war ein Gräuel, das beseitigt werden musste. Und Johanna war bereit dafür gewesen. Einen endgültigen Sieg hatte sie dem König versprochen, nicht nur den Sieg bei Orléans. Sie war sich sicher gewesen, dass sie es auch geschafft hätte, wenn sie nur ein bisschen mehr

Unterstützung bekommen hätte und nicht verraten worden wäre. Aber es ist, wie es ist.

La Trémoille hatte gewonnen. Er war immer ihr stärkster Gegner am Königshof gewesen und er hatte einen großen Einfluss auf den König. Das war absolut unverständlich, denn in ihren Augen war La Trémoille nur eine fette Ratte, ein Mensch mit einem schlechten Charakter, der sich bei seinem König eingeschmeichelt hatte. Von ihm ging diese ganze Friedensidee aus, da ist sie sich sicher. Karl wäre bestimmt niemals von allein auf den Gedanken gekommen, seinen Frieden mit den Engländern machen zu wollen, anstatt ganz Frankreich zu befreien. Aber vielleicht hatte sie sich auch in diesem Fall in Karl getäuscht.

Jetzt erscheinen ihr diese Gedanken fast verloren, unsinnig. Ihre Füße schmerzen auf dem kantigen Holz und die monotone Stimme des Anklägers wabert über die Menge. Doch sie hält stand. Ihr Blick wankt nicht.

Vorhin, im Kerker, auf dem kalten Boden war ihr mit aller Klarheit bewusst geworden, dass es alles nichts mehr nützen würde. Ihre Zeit auf Erden würde ablaufen, und zwar endgültig. Kurz darauf war Pfarrer Ladvenu bei ihr im Kerker gewesen und hatte ihr das letzte Sakrament gereicht und die Hostie sanft auf die Zunge gelegt. Ach, wie waren ihr dabei die Tränen geflossen. Auch Bruder Isembert war in ihre Zelle getreten und hatte das schwarze Büßergewand mitgebracht.

»Das musst du anziehen«, hatte er gesagt. Auch eine Mitra hatte sie aufsetzen sollen. Sie hatte Bruder Isembert gefragt, was darauf geschrieben stand. Leise hatte er es vorgelesen: »Häretikerin, Rückfällige, Abergläubige.«

Johanna war zusammengezuckt. Das sollten Beschreibungen für sie sein? Traurig hatte sie Bruder Isembert angeschaut. Doch lange hatte er dem Blick nicht standhalten können. Dann war er gegangen. Wieder war sie allein mit den Ratten in der Kerkerzelle gewesen. In jenem Augenblick war sie von Herzen froh gewesen, dass sie ihr Geständnis widerrufen hatte, denn es wäre Sünde gewesen, etwas zu gestehen, was sie gar nicht getan hatte. Aber sie ist sich sicher, dass die Engländer auch ohne ihren Widerruf einen Weg gefunden hätten, sie zum Tode zu verurteilen. Sie ist ein Bauernopfer, Karl sollte durch ihre Verurteilung geschwächt werden. Wer würde schon einem König folgen, der einer Hexe eng verbunden gewesen war!

Wenn einer versagt hatte, dann war es Karl, der sie nicht gerettet, ja, der nicht einmal den Versuch unternommen hatte, sie zu befreien. Er war ein Narr, ein Mensch mit großen Schwächen. Sie wiederum würde stark und aufrecht in den Tod gehen. Sie hatte sich nichts vorzuwerfen, egal, was die Bischöfe und die Ratsherren gesagt hatten. Sie war ihrem göttlichen Auftrag gefolgt.

Die jetzt laut gerufenen Worte von Bischof Couchon holen sie in die Gegenwart zurück: »Und deshalb wurde diese Frau wegen Aberglauben, Lügerei und Häresie zum Tode durch das Feuer verurteilt.«

Johanna schaut voll Mitleid zu ihm hinüber, aber der Bischof vermeidet den Blickkontakt. Das passt zu ihm. Couchon tritt zurück und gibt mit einer knappen Handbewegung den Soldaten den Befehl, mit ihren Fackeln den Scheiterhaufen zu entzünden. Das trockene Reisig fängt sofort Feuer und die Flammen schlagen hoch. Johanna schaut in den Himmel und sieht einen Falken, der dort oben seine Kreise zieht. Es sieht aus, als würde er auf sie warten. Ach, was würde sie dafür geben, zusammen mit ihm dort oben fliegen und Seite an Seite mit ihm diesem Ort entfliehen zu können. Sie hört, wie der treue Bruder Isembert ruft: »Wie konnte das geschehen? Sie ist doch fast noch ein Kind!«

Tränen steigen Johanna in die Augen. Ein letztes Mal schaut sie zur Tribüne hinüber und durchbohrt die hohen Herren mit ihrem Blick. Johanna weiß ganz genau, wer hier im Unrecht ist. Dann ruft sie: »Ich bin keine Sünderin, keine Irrgläubige. Meine Visionen waren von Gott und ich habe seinen Auftrag ausgeführt. Das war mein Auftrag, meine Aufgabe in diesem Leben, und ich habe sie bis zu meinem Ende erfüllt.«

Das laute Knistern der Flammen überdeckt ihre Schreie. Dann verebben sie. Die Menge zerstreut sich bereits, die Herren eilen zum Mittagessen. Nur der klagende Ruf eines Falken liegt für kurze Zeit in der Luft, bevor er vergeht wie der Rauch im Wind.

SCHLIMMERES HAT *er nie gesehen. Doch Mutigeres auch nicht: Gott die Treue zu halten im Angesicht des Todes. Der Falke schwingt sich hoch hinauf und verlässt den Ort des Schreckens, aber auch des starken Glaubens. Er hat ein neues Ziel.*

STECKBRIEF: JOHANNA VON ORLÉANS (JEANNE D'ARC)

Um 1412	Geburt in Domrémy in Lothringen
1425	Erste Visionen von Heiligen, die ihr den Befehl gaben, Frankreich von den Engländern zu befreien
1428	Sie verlässt das Elternhaus, um gegen die Einnahme Frankreichs durch die Engländer zu kämpfen (100-jähriger Krieg)
1429	Begegnung mit dem späteren König Karl VII.
	08. Mai Befreiung von Orléans durch Johanna und ihre Mitkämpfer = Tag der Befreiung, Salbung von König Karl VIII im Beisein von Johanna in Reims
	Die Befreiung von Paris misslingt
1430	Gefangennahme durch Verrat und Auslieferung nach sieben Monaten an den Herzog von Bedford
1431	Verurteilung zu lebenslanger Haft, nachdem sie ihrem »Irrglauben« abgeschworen hat
	Dann aber doch Verurteilung zum Feuertod, nachdem sie widerrufen hat
30.05.1431	Tod durch Verbrennung auf dem Marktplatz in Rouen im Alter von 19 Jahren
1456	vollständige Rehabilitation
1909	Seligsprechung durch Papst Pius X.
1920	Heiligsprechung durch Papst Benedikt XV.
2015	Eröffnung des »Historial Jeanne d'Arc« in Rouen. Auf fünf Etagen wird die Geschichte der Jungfrau von Orléans nacherzählt.

WISSENSWERTES Johanna war eine der bedeutendsten Frauen des Mittelalters. Mit dreizehn Jahren hatte sie das erste Mal Visionen, die ihr den Auftrag gaben, Frankreich von der englischen Knechtschaft zu befreien und dem französischen Thronerben zu helfen. Sie bekam nach anfänglichem Widerstand Truppen und zog aus, um Frankreich von den Engländern zu befreien. Da sie zuerst große Siege erringen und sogar die Stadt Orléans befreien konnte, war ihr der französische Thronerbe sehr zugetan. Unter ihrem Beisein wurde er in Reims als Karl VII. zum König gekrönt. Als sie jedoch in Paris eine Niederlage erlitt und fast alle Soldaten verlor, wendete sich Karl VII. von ihr ab und half ihr nicht, als sie verraten wurde. Johanna stand monatelang vor dem Inquisitionsgericht. Sie wurde zum Feuertod auf dem Scheiterhaufen verurteilt und mit gerade einmal neunzehn Jahren öffentlich auf dem Marktplatz von Rouen verbrannt. Das machte sie zur Märtyrerin, trug außerordentlich zur Stärkung Karls VII. bei und verhalf ihm letztendlich zum Sieg über die Engländer. Rund zwanzig Jahre nach Johannas Tod waren die Engländer aus Frankreich vertrieben und der Hundertjährige Krieg war beendet. 1455 wurde Johanna von der Kirche voll rehabilitiert. Durch ihre Keuschheit, ihrem unbeirrbaren Glauben und dem kompromisslosen Handeln wurde sie für viele Menschen, damals wie heute, ein Vorbild.

ÜBRIGENS: Zwischen 1406 und 1420 wurde die verbotene Stadt in China errichtet und der 1420 in Mainz geborene Johannes Gutenberg erfand um 1440 den Buchdruck.

KATHARINA VON BORA:
Nonne und Ehefrau

»Ich wollte nicht sterben, ich wollte leben!«

DER FALKE *ist lange dem blauen Band der Elbe gefolgt, das sich mäanderartig durch die Ebene zieht. Schweifend geht sein Blick umher, dann findet er, wonach er gesucht hat: Das Schwarze Kloster taucht hinter hohen Bäumen auf. Zielstrebig landet der Falke auf dem Dach eines alten Gebäudes und späht in den Hof hinunter.*

Die Sonne steht im Zenit, es ist Mittag. Unzählige Schwalben fliegen munter zwitschernd im Dachgebälk des Schwarzen Klosters umher. Margarete, die Tochter von Katharina von Bora und Martin Luther, hält eine Hand vor die Augen und schaut zum Brauhaus hinüber. Ihre Mutter tritt gerade aus der Tür und kommt auf sie zu.

»Das Bier ist fertig, es schmeckt vorzüglich. Lass uns heute Abend einen Krug davon trinken.«

Margarete kichert leise.

»Ja, lach du nur, mir schmeckt mein selbstgebrautes Bier einfach am besten.« Aber sie selbst muss auch lächeln, denn die Arbeit im Brauhaus erinnert sie stets an ihren verstorbenen Mann und seine Vorliebe für ihr Bier. »Magst du es nicht?«, fragt Katharina, doch ihre Tochter scheint abgelenkt zu sein. Sie hält ihren Blick auf das Dach hoch oben gerichtet.

»Schau mal«, sagt sie schließlich, »da oben sitzt ein Falke. Er sitzt da schon ein ganzes Weilchen, als ob er uns zu beobachten scheint.«

Katharina hebt ihren Blick zum Dach empor. »Tatsächlich«, antwortet sie, »ich kann sogar von hier seinen markanten Schnabel erkennen.« Einen kurzen Moment fragt sie sich, was der Vogel hier zu suchen hat. Er erinnert sie an etwas. Dann kehren ihre Gedanken wieder zu ihrer Braukunst zurück.

»Das Brauhaus ist ein Vermächtnis deines Vaters, Margarete«, fährt sie mit einem leichten Lächeln fort, »du weißt, er hat gerne Bier getrunken, weshalb er mich ermuntert hat, ein eigenes kleines Brauhaus bauen zu lassen.«

»Ja, das weiß ich.« Katharina schaut ihre Tochter forschend an, denn so eine kurze Antwort passt gar nicht zu ihr. Überhaupt wirkt sie schon den ganzen Morgen leicht abwesend. Wie sie ihre Tochter kennt, hat diese irgendetwas auf dem Herzen.

»Geht es dir nicht gut?«, fragt sie deshalb.

»Doch, doch«, antwortet Margarete hastig, ein wenig zu hastig. Katharina kennt ihre Tochter gut. Sie weiß nun, dass etwas nicht in Ordnung ist.

»Raus damit«, ermuntert Katharina ihre Tochter. Margarete schaut auf ihre Füße, knotet ihre Finger ineinander, dann scheint sie sich ein Herz zu fassen.

»Ich weiß nicht, wo ich anfangen soll«, sagt Margarete mit leiser Stimme. »Vielleicht möchtest du auch gar nicht darüber sprechen, aber es interessiert mich sehr.« Katharina ist sehr erstaunt, denn sie hat nicht die geringste Ahnung, was ihre Tochter meinen könnte.

»Komm«, sagt sie deshalb sanft, »ich weiß zwar nicht, was du meinst und welche Fragen dich umtreiben, aber lass uns dort auf der Bank vor der Backstube Platz nehmen. Der Tag ist noch jung, ich habe etwas Zeit und dort ist es schattig. Wir können uns in Ruhe unterhalten.« Sie bahnen sich einen Weg durch die im Sand pickenden Hühner, scheuchen den Hund von der Bank und setzen sich.

»Also, was interessiert dich? Welche Fragen treiben dich heute um?«

Margarete rutscht unruhig hin und her, denn sie weiß nicht, ob ihre Mutter nach so langer Zeit überhaupt darüber reden möchte. Katharina stupst ihre Tochter leicht an: »Na los, was möchtest du mich fragen?«

»Wie war das damals«, platzt es plötzlich aus Margarete heraus, nachdem sie noch einmal tief Luft geholt hat, »damals als du als Nonne im Kloster Marienthron gelebt, dann aber Vater geheiratet hast.«

Katharina schaut ihre Tochter entgeistert an. »Das möchtest du wissen? Nach all dieser Zeit?«

Margarete nickt nur, traut sich nicht den Blick zu heben. Katharina lehnt sich an die Wand der Backstube und schließt ihre Augen. Sie wandert in ihren Gedanken zurück, zurück in die Zeit, als sie noch als Nonne gelebt hatte. Mit noch immer geschlossenen Augen fängt sie leise an zu erzählen. »Als ich noch sehr jung war, hatte mein Vater mich ins Kloster gegeben. Ich stamme zwar aus adeligem Haus, aber wir waren verarmt und mein Vater wollte mich versorgt wissen. Es war eine harte Zeit für mich. Mir fehlte meine Familie anfangs sehr. Nach einer Weile stellte ich aber fest, dass das Leben im Kloster durchaus auch seine angenehmen Seiten hatte. Wir lernten lesen und schreiben, übten uns in Latein, wurden in der Krankenpflege unterwiesen und vor allem aber lernten wir, wie ein Wirtschaftsbetrieb funktioniert. Dort habe ich übrigens auch das Bierbrauen gelernt.«

Katharinas Augen blitzen bei diesen Worten auf. »Ja, das Bier«, erzählt sie versonnen weiter, »das hat deinen Vater und mich immer verbunden. Wenn dein Vater auf Reisen war, hatte er auch immer ein Fass von meinem Bier dabei.«

Margarete lächelt, denn daran kann sie sich noch gut erinnern.

»Also«, fährt Katharina fort, »lernte ich dort im Kloster eine ganze Menge. Trotzdem blieb in mir eine tiefe Sehnsucht. Ich fühlte mich eingesperrt hinter den dicken Klostermauern. Unser Leben war recht eintönig und Kontakt zur Außenwelt hatten wir nicht sehr viel. Die Kargheit und Einfachheit unseres Daseins plagten mich. Luxus fand ich nicht wichtig, versteh mich nicht falsch, aber ich wollte mehr für mein Leben. Ich war neugierig auf die Welt und außerdem hätte ich gerne einen eigenen Betrieb bewirtschaftet.«

Margarete schaut sich nachdenklich im Hof um, sie

hat sich schon öfter gefragt, wie ein Leben als Nonne ganz praktisch aussehen würde.

»Ja, überlege einmal, wie es für dich wäre«, regt Katharina an. »Auch das hier war ja vor langer Zeit ein Kloster gewesen. Wie fühlt es sich für dich an, wenn du das Hofgelände nicht verlassen dürftest, wenn du nicht auf den Markt gehen und einen Plausch mit den anderen Marktbesuchern halten dürftest? Wenn du jeden Tag dasselbe erleben würdest, ohne Aussicht auf Abwechslung. Keine Studenten, die hier ein- und ausgehen, praktisch keine Besuche. Nach ein paar Jahren kennst du deine Mitschwestern in- und auswendig, kennst ihre Macken und ihre guten Seiten.«

Margarete erschauert bei dem Gedanken, dass das schwere Hoftor für immer geschlossen bleiben und sie niemals hinauslassen würde. Ihre Mutter legt tröstend einen Arm um sie und sagt: »Ich wollte dich nicht ängstigen, tut mir leid.« Margarete schüttelt vehement den Kopf und antwortet: »Das tust du nicht, genau deshalb wollte ich es hören, ich wollte wissen, wie du diese Zeit erlebt hast und vor allem, warum du dein Leben als Nonne aufgegeben hast.«

Katharina ist erstaunt, welche Gedanken ihre Tochter beschäftigen, nie hätte sie gedacht, dass sie sich dafür interessieren könnte. Als sie Martin geheiratet hatte und nach und nach die Kinder auf die Welt gekommen waren, hatte ihr Leben für sie erst so richtig begonnen. Immer seltener hatte sie an ihre Zeit in Marienthron zurückgedacht, denn ihr Alltag war gut gefüllt gewesen. Vor allem aber war sie an der Seite von Martin von tiefem Glück erfüllt gewesen. Vielleicht ist es gut, nun noch einmal gedanklich in die Zeit von damals zurückzukehren.

»Nun gut, dann will ich es dir erzählen«, fährt Katharina fort, »manche Nacht lag ich hellwach in meiner kleinen Zelle. Ich sehnte mich so sehr nach dem Leben, nach Abwechslung, dass es mir fast das Herz zerriss. Ich betete immer länger und länger, suchte Trost bei Jesus Christus und Gott. Das half immer nur sehr kurzfristig, Gott konnte die Lücke in meinem Leben nicht ausfüllen. Manche Nacht nutzte ich dafür, mir einen Fluchtplan zu überlegen. Aber immer, wenn es Tag wurde, überfiel mich panische Angst. Wo hätte ich denn auch hingehen sollen? Meine Verwandten würden mich nach der langen Zeit nicht mehr aufnehmen und dazu kam noch ein ganz anderes Problem: »Ich hatte ein Gelübde abgelegt, das es mir bei Todesstrafe verbot, wieder in ein weltliches Leben zurückzukehren. Da blieb ich lieber hinter den Klostermauern im Gefängnis.«

»Aber dann hast du von Vaters Schriften gehört, oder?«, fragt Margarete. Katharina lächelt still vor sich hin. »Oh ja, dann hörte und las ich von deinem Vater. Der Mann, der uns immer das Feuerholz geliefert hat, hat eines Tages nicht nur das Holz gebracht, sondern auch einige lose Blätter, die von deinem Vater verfasst worden waren. Natürlich war das streng geheim gewesen und nur wenige Nonnen aus dem Kloster hatten diese Zeilen zu Gesicht bekommen. Immer, wenn wir ein wenig Zeit hatten und uns unbeobachtet wähnten, hatten wir uns in die abgelegenste Stelle des Klostergartens zurückgezogen und heimlich in den Texten gelesen. Es war alles so neu, was dein Vater da geschrieben hatte. Er meinte, dass ein Mönch oder auch eine Nonne nicht an ihre Gelübde gebunden seien und ein Leben in der Gesellschaft für die Allgemeinheit einen viel größeren

Nutzen hätte, als wenn sie sich hinter den Klostermauern verschanzen würden.«

»Ja, so kenne ich Vater«, lächelt Margarete, »er war immer für einen guten Scherz über die armen Mönche zu haben gewesen, die hinter den Mauern eines Klosters ihr karges Leben fristeten. Kerkermauern nannte er sie.«

Auch Katharina muss bei diesem Ausdruck kurz auflachen. »Ja, dein Vater war sich seiner Sache sehr sicher gewesen. Und in meinen Augen hatte er ja auch recht.«

»Genau«, ergänzt Margarete, »sonst hätte es mich und meine Geschwister nie gegeben …«

»… und das wäre sehr schade gewesen, schließlich seid ihr doch ein richtiges Geschenk für uns gewesen … und ihr seid es bis heute«, fügt Katharina lächelnd hinzu. »Aber es gibt noch vieles mehr, was dein Vater nur leisten konnte, weil er seinem Leben als Mönch mutig den Rücken gekehrt hatte.«

»Ich weiß«, sagt ihre Tochter und reibt sich dabei über die Stirn, »er hat die Bibel ins Deutsche übersetzt. Ich habe öfter von den Menschen auf dem Markt gehört, dass sie nun viel lieber in die Messe gehen würden, weil sie mehr verstehen und nachlesen können, was da gesprochen wird. Irgendwie sind sie nun aktiver dabei. Für die Nonnen war es bestimmt interessant, dass er die Bibel übersetzt hatte.«

Katharina nickt, meint dann aber: »Das war für mich persönlich jedoch nicht so wichtig, denn mein Latein war im Laufe der Jahre recht passabel geworden. Für die normale Bevölkerung ist das fantastisch gewesen. Wir Nonnen fragten uns, wer dieser Mann, Martin Luther, sei und warum er diese Sachen überhaupt geschrieben hatte. Es war alles so aufregend für uns. Endlich kam frischer Wind ins Klosterleben. Ich sah meine Zweifel an der Wirksamkeit meines Klosterlebens bestätigt und sehnte mich mehr denn je nach Freiheit. Heimlich nahmen wir Kontakt zu deinem Vater auf. Ich war die Schriftführerin und gab meine Briefe dem Holzzulieferer mit. Aber wie sollte es nun weitergehen?« Katharina macht eine kleine Pause und ihre Tochter fragt ungeduldig: »Sag schon, wie ging es dann weiter, wann hast du dich zur Flucht entschlossen?«

Der rote Hofkater kommt galant um die Ecke des Gebäudes gebogen, nimmt vom Hund, der in der prallen Sonne liegt, nicht die geringste Notiz, springt wie selbstverständlich zu den beiden Frauen auf die Bank, drängt sich zwischen sie und rollt sich ein. Als Margarete ihn streichelt, schnurrt er behaglich.

»Nun, es dauerte schon eine Weile, bis ich den Mut aufbrachte, ganz konkret über eine Flucht aus dem Kloster nachzudenken. Also nicht nur nachts davon zu träumen, sondern ganz real bei Tageslicht. Natürlich besprach ich mich auch mit anderen Nonnen. Das fiel mir zuerst sehr schwer, denn wem konnte ich trauen? Du musst bedenken, dass ich mich ja mit meinem Gelübde an dieses Kloster und mein Leben als Nonne gebunden hatte. Schon manches Mal kam auch zu uns die Kunde von entflohenen Nonnen, die gefangen genommen worden waren.«

Atemlos hört Margarete zu, in ihrer Aufregung hat sie den Kater wohl zu fest gepackt. Mit einem hohen Fauchen beschwert dieser sich und springt von der Bank. Mit aufgeplustertem Schwanz schießt er wie ein Blitz davon.

»Sind diese Frauen verurteilt worden?«, fragt Margarete, während sie dem Kater nachschaut.

»Die meisten wurden mit dem Tode bestraft.«

Ihre Tochter zuckt zusammen. »Das ist ja grauenhaft. Dann waren deine Fluchtpläne sozusagen todesmutig.«

»Ja, das kann man wohl sagen. Ich hatte anfangs auch nicht den Mut, meine Fluchtpläne ausreifen zu lassen, aber irgendwann bat ich deinen Vater um Hilfe. Die Zeit bis zu seinem Antwortschreiben verstrich nur langsam. Tag und Nacht litt ich Höllenqualen. Was, wenn der Brief abgefangen worden wäre? Ich wollte nicht sterben, ich wollte leben! Dann kam die lang ersehnte Erlösung. Dein Vater bot an, den Ratsherrn Köppe mit einem Fuhrwerk zu schicken. Mit seiner Hilfe sollten wir das Kloster verlassen. Er würde uns zu sich nach Wittenberg holen. Nun war ich in heller Not, denn ich musste überlegen, wem ich trauen durfte, wem ich also von der Fluchtmöglichkeit erzählen sollte. Ich entschied mich für acht meiner Mitschwestern. In der Nacht zum Ostersonntag sollte Ratsherr Köppe kommen. Wir Nonnen verließen frühzeitig unsere Zellen. Ich hatte tagsüber schon ein kleines verstecktes Tor im hinteren Klostergarten von den anderen unbemerkt offengelassen. Zu der Zeit hat dort ein Falke gesessen und einen steten Blick auf das Kloster und vor allem auf die Pforte geworfen, so als beobachtete er mich.«

»So wie der Falke dort oben«, wirft Margarete ein.

Katharina heftet erneut ihren Blick auf das Dach des Brauereigebäudes.

»In der Tat«, murmelt Katharina, »so, wie der dort. Merkwürdig, dass er noch immer dort sitzt …«

»Warum hast du mir das nicht schon viel früher erzählt«, fragt Margarete neugierig, »das ist doch alles unheimlich spannend!« Katharina wiegt ihren Kopf und erwidert: »Im Nachhinein mag es spannend klingen, aber in der Situation hatte ich einfach nur unglaubliche Angst.«

Margarete senkt betreten den Kopf. Als Katharina das sieht, nimmt sie schnell die Hand ihrer Tochter. »Das war nicht böse gemeint«, erklärt sie, »ich wollte dir damit nur aufzeigen, warum ich später nicht mehr davon gesprochen habe.«

Ihre Tochter nickt leicht. Der zottige Hofhund erhebt sich, trottet einige Schritte auf sie zu und plumpst schnaufend und mit hechelnder Zunge neben der Bank in den Schatten.

»Also, wo war ich?«, fährt Katharina fort, während sie nachdenklich den Hund im Nacken krault. »Ach ja. Wir hielten uns beizeiten im Klostergarten versteckt. Jede von uns einzeln hinter einem Baum. Zum Glück war der Mond noch nicht aufgegangen und es war absolut dunkel gewesen. Die normalen nächtlichen Geräusche erfüllten den Garten mit Leben, aber ich hörte vor allem anderen nur mein Herz pochen. Schnell und immer schneller schlug es in meiner Brust. Ich dachte, ich müsste in Ohnmacht fallen, sollte der Köppe nicht bald kommen.«

Margarete schaut ihre Mutter mit großen Augen an, denn sie selbst spürt noch die Spannung, von der ihre Mutter so eindringlich erzählt.

»Dann war es endlich soweit, aus der Ferne war leiser Hufschlag zu hören. Er kam immer näher. Als die Geräusche verstummten, traute ich mich zuerst nicht aus meinem

Versteck, aber ich wusste, wenn ich nicht bald meine Deckung aufgab und zum Fuhrwerk laufen würde, würde ich für immer im Kloster bleiben müssen. Hatte ich mir nicht mehr Spannung in meinem Leben gewünscht? Hier war sie also! Entschlossen schlich ich, versteckt hinter dichten Sträuchern, auf den Karren zu. Beim Näherkommen erkannte ich große Fässer, die darauf festgezurrt waren. Zeitgleich mit mir kam die liebe Ave beim Ratsherrn Köppe an. Auch er schien nervös, brachte er sich doch selbst in Lebensgefahr, weil er unser Fluchthelfer war. Zwei junge Burschen sprangen lautlos hinter den Fässern hervor und halfen uns hinauf. Nach und nach kamen auch die anderen Nonnen dazu. Dann ging alles ganz schnell. Wir krochen zwischen die Fässer und hielten uns ängstlich an den Händen. Ich weiß noch, wie sehr Ave neben mir zitterte. Der Ratsherr schnalzte leise mit der Zunge und die Pferde zogen an. In meinem Bauch kribbelte es unaufhörlich; wir hatten die Flucht gewagt und waren auf dem Weg in die Freiheit. Das hat sich einfach unglaublich angefühlt. Unser Weg sollte uns über Torgau nach Wittenberg führen. Wir waren ganze zwei Tage unterwegs und haben die ganze Zeit Todesängste ausgestanden. Jederzeit hätte jemand das Fuhrwerk anhalten und uns zwischen den Fässern entdecken können. Aber wir schafften es und kamen verstaubt aber sehr glücklich in Wittenberg an. Begleitet hat uns diese zwei Tage ein Falke. So, als würde er uns den Weg zeigen, als würde er uns beschützen, ermuntern.

Liebevoll streichelt sie ihrer Tochter über die Wange. »Und den Rest kenne ich«, flüstert Margarete.« Sie kuschelt sich enger in die Arme ihrer Mutter und schmiegt sich an sie. Beide schauen nun hoch zum Dach, denn der Falke hat sich erhoben. Mit kräftigen Flügelschlägen schraubt er sich in den mittäglichen Himmel. Margarete ist froh, ihre Mutter nach dieser Geschichte aus ihrem Leben gefragt zu haben, sonst hätte sie nie erfahren, was für eine mutige Frau ihre Mutter gewesen war und immer noch ist. Und außerdem weiß sie nun ganz genau, dass für sie selbst ein Leben als Nonne niemals infrage kommen wird.

DER FALKE hat bereits das Schwarze Kloster verlassen, es liegt weit unter ihm. Doch noch immer, aus schwindelnder Höhe, sieht er Mutter und Tochter in Eintracht auf der Bank sitzen. Mit diesem letzten Bild fliegt er davon.

STECKBRIEF: KATHARINA VON BORA

1499	Geburt in Lippendorf
1504	Einzug in das Augustinerinnenkloster in Brehna
1509	Eintritt in das Zisterzienserinnenkloster Marienthron in Nimbschen
1515	Ablegung der Gelübde
1523	Flucht in der Osternacht aus dem Kloster, bis zu ihrer Heirat lebt sie unter anderem im Hause von Lukas Cranach
1525	Heirat mit Martin Luther und Einzug in das Schwarze Kloster in Wittenberg, Aufbau eines Pensionsbetriebes mit Kauf von weiteren Ländereien
1546	Tod von Martin Luther, Kampf um ihr Erbe; Flucht mit den Kindern vor dem Schmalkaldischen Krieg nach Magdeburg
1547	Rückkehr nach Wittenberg und Wiederaufbau der verwüsteten Gebäude und Ländereien
1552	Flucht vor der Pest nach Torgau
1552	Tod in Torgau nach einem Unfall mit dem Pferdefuhrwerk, sie wird in der Torgauer Marienkirche bestattet

In ihrem Sterbehaus ist ein Museum über sie und ihr Leben eingerichtet worden – das Schwarze Kloster ist ebenfalls heute ein Museum und zählt zusammen mit anderen Reformationsstätten in Wittenberg zum UNESCO Weltkulturerbe

WISSENSWERTES Katharina von Bora war eine mutige, entschlossene und intelligente Frau. Nachdem sie während ihrer Zeit als Nonne von den Lehren Martin Luthers gehört hatte, floh sie mit seiner Hilfe aus dem Kloster. Zwei Jahre später heiratete sie den großen Reformator. Die zuerst als Zweckgemeinschaft geschlossene Ehe mit Martin Luther entwickelte sich zu einer liebevollen Partnerschaft, die von gegenseitigem Vertrauen geprägt war.

Sie war die erste Pfarrfrau in Deutschland und hat ihren Mann bei den Bestrebungen, die Reformation voranzubringen, unterstützt. Sie hat auch aktiv an den Gesprächen und Tischrunden mit Studenten und anderen Reformatoren teilgenommen.

Sie leitete das »Schwarze Kloster«, kaufte Ländereien, ließ ein Backhaus auf dem Hofgelände bauen, braute Bier, beherbergte Studenten und bekam nebenbei noch sechs Kinder. Die wirtschaftlichen Belange überließ Martin Luther vertrauensvoll seiner Frau, sodass er sich ganz auf seine reformatorischen Interessen, seine ausgeprägten Reisen und vielen Kontakte konzentrieren konnte.

Wegen Katharinas ausgesprochener Tatkraft wurde sie von ihrem Mann gerne auch »Herr Käthe« genannt.

ÜBRIGENS: Zwischen 1508 und 1512 malte Michelangelo die Fresken in der Sixtinischen Kapelle in Rom und 1532 eroberte der Spanier Francisco Pizarro mit nur knapp 200 Soldaten das riesige Reich der Inkas in Südamerika.

TERESA VON ÁVILA:
Das zweite Leben

»Ich fühlte Jesu Schmerzen, aber ich fühlte auch seine tiefe
Liebe zu mir. Ich musste mich nicht mehr einsam fühlen, denn
Jesus war bei mir.«

WIE EIN LAUTLOSER *Schatten schwebt er heran. Die
grün-gelben Landstriche des spanischen Hochlandes liegen unter ihm. Der Falke hält Ausschau nach einem geeigneten Lan-
deplatz.*

Señora Alvarez macht Urlaub in Kastilien im Hochland
von Spanien. Hier besucht sie die Wirkungsstätte der Heiligen Teresa von Ávila. Das von Teresa zuerst gegründete
Kloster San José hat es ihr besonders angetan. In der jetzigen
Klosterkirche existiert noch die alte, viel kleinere Klosterkirche aus Teresas Zeiten, die jetzt als Kapelle genutzt wird.

Señora Alvarez war schon oft hier. Sie liebt die alten,
dunklen Holzdecken und den steinernen Bogen der Kapel-

le, denn in dieser alten Kirche ist immer noch etwas von dieser besonderen Frau zu spüren. Zu gerne würde sie sich einmal mit Teresa unterhalten, aber leider geht das nicht, denn Teresa ist schon seit Jahrhunderten tot. Es ist Sommer und sehr heiß. Die Palmen und Pflanzen im Klostergarten werden regelmäßig gegossen, damit sie die Hitze unbeschadet überstehen und nicht austrocknen. Am letzten Urlaubstag ist Señora Alvarez am frühen Morgen auf dem Weg in die Klosterkirche. Zu dieser frühen Stunde wird sie dort allein sein und in Ruhe Abschied nehmen können. Dieser Ort ist ihr wichtig, ist ihr ans Herz gewachsen, und so hat sie das Bedürfnis, sich auch angemessen verabschieden zu müssen.

Ein Rauschen schreckt sie aus ihren Gedanken auf und sie schaut hoch. Knapp über ihren Kopf schnellt ein Falke hinweg, um sich dann höher in den Morgenhimmel zu erheben. Den Blick hat er dabei fest nach unten auf ihren Weg gerichtet. Als sie die Messingklinke der schweren Holztür der Kirche in den Händen hält, schaut sie noch einmal zurück. Der Falke hat sich auf der anderen Seite des Kirchhofs auf einer alten, schmiedeeisernen Laterne niedergelassen. Mit wachen Augen schaut er zu ihr herüber. Merkwürdig.

Señora Alvarez lässt die Tür hinter sich zufallen und sucht sich eine Bank in der hinteren Reihe. Sie spricht ein einfaches Gebet und setzt sich dann für eine Meditation zurecht. Nach kurzer Zeit ist sie tief versunken.

Sie weiß nicht, wie lange sie dort schon gesessen hat, als sie plötzlich eine Veränderung im Raum spürt. Es ist, als wäre die Luft schwerer geworden. Sie sieht eine Frau auf sich zukommen. Señora Alvarez glaubt zu träumen, denn es ist Teresa von Ávila. Sie will sich erheben, will aufschreien oder davonlaufen, aber die Frau, Teresa, legt ihr eine Hand auf den Arm und sagt: »Bleiben Sie in der Tiefe Ihrer Meditation. Wenn Sie davonlaufen, werden Sie mich nicht mehr an Ihrer Seite finden.«

Señora Alvarez weiß nicht, was sie sagen oder denken soll. Sie hat den tiefen Wunsch, Teresa kennenzulernen. Sie schließt ihre Augen wieder fest, kehrt zurück zu ihrem Meditationsmittelpunkt. Sie ist neugierig auf eine Frau, die auch heute noch in der Gesellschaft präsent ist.

»Wenn das so ist, dann fragen Sie mich, was Sie wissen möchten«, spricht die Heilige. Anscheinend kann Teresa Gedanken lesen. Señora Alvarez zwingt sich, ruhig ein- und auszuatmen und sich zu sammeln. So verrückt diese Situation auch ist, so möchte sie doch die Gunst der Stunde nutzen und ihre Fragen stellen.

Señora Alvarez: Es ist unglaublich, dass ich Sie kennenlernen darf. Ich freue mich sehr. Ihr Leben war sehr erstaunlich und bis heute werden Ihre Bücher auf der ganzen Welt gelesen. Aber was ich mich immer gefragt habe, ist, ob Sie in Ihrem Leben auch glücklich waren.

Teresa von Ávila: Glück allein ist nicht ausschlaggebend für ein erfülltes Leben. Nicht immer. Aber ich möchte versuchen, Ihnen die Frage befriedigend zu beantworten. Lange Jahre hatte ich in meinem Leben zwar kleine Glücksmomente, aber ich fühlte mich nicht wirklich glücklich, nicht zufrieden. Oft hatte ich mit Gott gehadert. Das änderte sich schlagartig, als ich eine ganz besondere Erfahrung machen durfte. Ich nenne es auch gern »den Beginn meines neuen Lebens«.

Señora Alvarez: Sie meinen, als Sie sich Gott ganz hingewandt haben? Während des Erlebnisses vor seinem Bildnis?

Teresa von Ávila: Erlebnis klingt so ausdruckslos und beschreibt nicht annähernd den Zustand, der mich in diesem magischen Moment ergriffen hat. Es fühlte sich wie eine Neugeburt an, wie ein ganz neuer Anfang, wie ein Begreifen. Ich versuche für Sie in Worte zu fassen, was ich da erlebt habe. Ich weiß noch, wie eisig es an diesem Tag war. Ávila liegt auf einer Hochebene und die Winter hier sind lang und sehr kalt. Ich wollte trotz der Kälte eine Weile im Klostergarten spazieren gehen. Die Bäume waren kahl und so hatte ich einen ungetrübten Blick auf die alte Stadtmauer. Riesig und schwer verlief sie, nicht weit von mir um den alten Ortskern von Ávila. Es war für mich ein majestätisches Bauwerk und ich hatte es schon oft bestaunt. Mein Spaziergang stöberte einige Krähen auf, die sich in den Eichen niedergelassen hatten. Kreischend stoben sie davon und flogen hinüber zur Stadtmauer. Die Wintersonne stand schon tief am Himmel und wegen des Schnees war ich geblendet. Ich hielt eine Hand vor meine Augen und schaute den Vögeln hinterher. In diesem Moment sah ich einen Falken, der auf einem steinernen Vorsprung der Mauer saß und zu mir herüberblickte. Ich weiß, das klingt merkwürdig, aber es fühlte sich so an, als würde er mich beobachten. Er schien keine Scheu zu haben und selbst als die Krähen lärmend an ihm vorbeizogen, hielt er seinen festen Blick unverwandt auf mich gerichtet. Eine Weile sah ich ihn an, dann wurde es mir zu kalt im Garten und ich machte mich auf den Rückweg ins Klostergebäude.

Ich wusste, dass es dort zwar nicht viel wärmer sein würde, denn die alten Steinmauern ließen sich mit einem offenen Kamin nur begrenzt heizen, aber ich wollte in die Klosterkirche, um ein Gebet zu sprechen. In dem Kloster hatte ich keine Freundinnen, jede der Nonnen lebte für sich, ohne sich um die anderen zu kümmern. Obwohl ich nicht allein war, fühlte ich mich doch so. Es war Fastenzeit und ich haderte mal wieder mit meinem Leben. Gott schien mir oft so fern, so unerreichbar. Ich fühlte mich wie eine Verdurstende auf der verzweifelten Suche nach Wasser. Einsam. Ich dachte, wenn mir schon kein Mensch hinter diesen Mauern nah war, dann musste ich doch zumindest Gott an meiner Seite spüren. Aber meine Seite fühlte sich oft leer an.

Mit hängenden Schultern ging ich in die Kirche. Ich hatte dort einen kleinen Lieblingsplatz, direkt an dem Holzgitter, das heute immer noch zu sehen ist. Dort stand ich und betete. Als ich hochblicke, sah ich ein Bild von Jesus. Er hing am Kreuz und alles Leid der Welt sprach aus seinem Blick. Natürlich hatte ich das Bild schon oft angeschaut, aber in diesem Moment erfuhr ich es auf eine ganz neue Art und Weise. Ich konnte das Leid Christi körperlich fühlen, ich teilte seine Schmerzen. Tränen liefen mir die Wangen hinunter. Jesus Christus hatte sich für die Menschheit aus Liebe geopfert, er hatte sich für mich geopfert. Ich fühlte Jesu Schmerzen, aber ich fühlte auch seine tiefe Liebe zu mir. Ich musste mich nicht mehr einsam fühlen, denn

Jesus war bei mir. Jeden Moment meines Lebens, das wurde mir nun bewusst, war er bei mir gewesen, ich hatte es nur bis zu diesem Augenblick nicht verstanden, nicht gefühlt. Aber jetzt fühlte ich diese unglaubliche Liebe. Es war mir, als müsste ich platzen vor Liebe. Von Kopf bis Fuß fühlte ich mich umhüllt und geborgen. Und noch etwas spürte ich ganz deutlich: Ich brauchte keine Angst mehr davor zu haben, dass ich Gott und seinem Sohn nicht genügen würde, dass meine Liebe und Hingabe nicht ausreichend sei. Sie liebten mich wie die Mutter ihre Kinder liebt, mit einer Innigkeit, die mich tief berührte.

Meine eigene Mutter war gestorben, als ich noch ein Kind war. Zeit meines Lebens hatte ich das Gefühl, dass mir irgendetwas Lebensnotwendiges fehlte, als wäre ich nicht komplett. Es war wie ein versteckter Mangel, den ich nicht benennen konnte. Es war die Liebe meiner Mutter, die mir gefehlt hat. Dieses Gefühl des Angenommenseins, diese innere Gewissheit, dass man geliebt wird, auch wenn man einmal einen Fehler gemacht hat. Dieses Gefühl des Behütetseins hatte ich vermisst, ohne zu wissen, was ich vermisste. Zeit meines Lebens hatte ich versucht stark zu sein, für mich selbst zu entscheiden und mich nicht von anderen Menschen leiten zu lassen. Nun merkte ich, dass ich dadurch aber auch eine Tür zu Gott verschlossen hatte. Durch mein Gefühl des Starkseinmüssens hatte ich mich innerlich verschlossen und Gott nicht vollends an mich herangelassen. Deshalb konnte ich ihn auch nicht an meiner Seite fühlen. All das wurde mir in diesem kostbaren Moment bewusst. Ich warf mich tränenüberströmt vor dem Bild zu Boden und bat um Vergebung. Ich weiß nicht mehr, wie lange ich auf den kalten Steinen gelegen habe, denn ich hatte jedes Zeitgefühl verloren, aber ich weiß noch, dass ich weinte, bis ich keine Tränen mehr hatte. Ich gab mich völlig Gott hin und reichte mich ihm – gleich eines leeren Gefäßes – dar. Es war wie eine Reinigung, eine Säuberung. Ich saugte die Liebe, die ich fast körperlich spüren konnte, tief in mir auf. Es war, als hätte meine Seele nur darauf gewartet; es war wie eine Liebkosung meiner Mutter. Tiefer Frieden erfüllte mich und ich wusste, dies war ein Neubeginn, der Beginn meines zweiten Lebens. Es war eine Befreiung und markierte den Zeitpunkt meiner inneren Umkehr. Ach, wie hatte ich mich danach gesehnt! Nun würde alles anders werden, das war mir gewiss. Ich musste Gott nicht mehr außerhalb von mir suchen, ich musste nicht bis zur Messe warten oder in die Kirche gehen, um ihm nah sein zu können. Gott wohnte in mir, war in mir zuhause und ich konnte jederzeit mit ihm reden. Das innere Beten hatte eine völlig neue Bedeutung für mich bekommen. Seit diesem Augenblick war das Gebet für mich wie ein Gespräch mit einem innigen Freund, von dem man weiß, dass er einen liebt. Dieses Gefühl hat mich Zeit meines Lebens nicht mehr verlassen.

Señora Alvarez: Das macht mich sprachlos, das klingt nach einer tiefen Ergriffenheit. So, als wäre Ihr Herz von Jesus angerührt worden. So eine Erfahrung ist wohl einzigartig und ich wünschte, ich würde eines Tages auch so etwas erleben.

Mich hat immer schon interessiert, warum Sie nicht geheiratet, sondern sich für ein Leben im Kloster entschieden haben. Wären Sie als Ehefrau nicht viel freier in Ihrem Handeln gewesen?

Teresa von Ávila: Gott bewahre! Zu meiner Zeit hatte eine Frau eine niedrige soziale Stellung innerhalb der Gesellschaft. Sie hatte keinen Zugang zu dem Wissen der Zeit, sie durfte keine Bücher studieren, nicht reisen, hatte keinen Zugang zu Bibliotheken, durfte sich außerhalb ihres Haushaltes nicht öffentlich äußern, schon gar nicht zu theologischen Themen. Sie war im Haus ihres Mannes mehr oder weniger eingesperrt, von den Marktgängen einmal abgesehen. Sie musste für ihre Familie stets verfügbar sein, hatte keine Kammer, in die sie sich zurückziehen konnte, war finanziell abhängig und sie hatte wenig Zeit für Gebet und innere Versenkung. Dazu kam, dass die Frauen ständig Kinder bekamen und sie mit jeder Geburt ihr Leben aufs Spiel setzten. Nicht wenige Frauen in meiner Familie sind im Kindbett gestorben. Das alles konnte ich mir für mich nicht vorstellen.

Natürlich hat mich das alles sehr traurig gemacht und manches Mal war ich auch wütend, aber ich konnte nur mein eigenes Schicksal in die Hand nehmen und nicht den anderen Frauen helfen. Wissen Sie, ich habe meine Tante erlebt, wie sie ihr Leben an der Seite meines Onkels gelebt hat. Mein Onkel war kein schlechter Mensch, aber damals war es einfach üblich, dass eine Frau nichts zu sagen hatte, außer vielleicht zu Fragen der Mutterschaft. Meine Tante war eine sehr intelligente Frau und sie hätte gern Lesen und Schreiben gelernt, hätte gern in der Bibel gelesen und sie studiert. Das Wort Gottes war ihr immer sehr wichtig gewesen, aber alles, was sie tun konnte, war sonntags in die Kirche zu gehen und dem Gottesdienst zu lauschen. Verstanden hat sie dabei fast nichts, denn bis auf wenige Brocken konnte sie kein Latein. Ihr Mann hatte es auch nicht gekonnt, aber er hätte die Möglichkeit dazu gehabt, wenn er denn gewollt hätte. Meine Tante hatte gewollt aber nicht gedurft. Verstehen Sie? Das ist der entscheidende Unterschied gewesen. Frauen durften einfach nicht! Ich wollte mehr für mein Leben.

Señora Alvarez: Aber ist Mutterschaft generell nicht etwas sehr Schönes und Bedeutungsvolles? Etwas, das Bestätigung geben kann?

Teresa von Ávila: Sicher, und das wollte ich mit meinen Worten auch auf keinen Fall infrage stellen. Wenn eine Frau das möchte und sich freiwillig dafür entscheidet, dann ist das eine schöne Sache. Ich aber rede davon, dass Frauen gezwungen wurden und keine Wahl hatten.

Señora Alvarez: Ich verstehe. Aber anstatt von einem Ehemann waren Sie im Kloster doch sicherlich von der Kirche abhängig. Oder wie war das damals?

Teresa von Ávila: Sicher gab es da Abhängigkeiten. Aber trotzdem gab es in einem Kloster viel mehr Freiräume für mich als in einer Ehe. Der tägliche Zugriff der Kirche endete in der Kabine am Gitter meines Beichtvaters. Sicher war ich vor Gott verpflichtet, meinem Beichtvater alles zu erzählen, was mich bewegte, aber es ist doch nur natürlich, dass ich das nicht tat. Jedenfalls nicht in letzter Konsequenz. Alles, also wirklich alles, musste oder wollte ich nur Jesus Christus erzählen. Für mich bedeutete das Leben im Kloster vor allem der freie Zugang zum Wissen der Welt, ich konnte schreiben und mich mit anderen austauschen. Ich konnte sozusagen über meinen Tellerrand hinausschauen und dadurch viele neuartige Erfahrungen machen. Von meinen Reisen mal ganz abgesehen.

Señora Alvarez: Das, was Sie sagen, klingt nach einem guten Leben, das in der richtigen Weise geführt wurde. Welch eine Gnade! Was mich noch interessiert, ist die Frage, ob Ihr inneres Gebet, die innere Versenkung, etwas mit der heutigen Meditation zu tun hat. Gibt es Gemeinsamkeiten zwischen diesen beiden Begriffen oder bezeichnen sie gar dasselbe?

Teresa von Ávila: Wenn ich sehe, wie Sie jetzt in diesem Augenblick ganz in sich versunken sind und damit Ihren inneren, Ihren ureigensten Raum betreten haben, dann kann ich nur sagen, ja, es ist dasselbe. In diesem Raum findet man Gott, findet man sich selbst, findet man eigentlich alles, was man zum Leben und für den Glauben braucht.

Señora Alvarez: Das berührt mich gerade sehr tief, was Sie mir sagen. Ich weiß nicht, ob ich das alles hier träume, aber ich danke Ihnen sehr für dieses innige Gespräch.

Teresa von Ávila: Traum und Wirklichkeit, inneres Gebet und Meditation, wo ist da der Unterschied …

In diesem Moment knarrt die Kirchentür. Señora Alvarez zuckt zusammen. Sie ist für einen winzigen Moment abgelenkt und nicht mehr in sich versunken. Sie erkennt, dass Teresa verschwunden ist. Schnell versucht Señora Alvarez sie in ihrer Versenkung wiederzufinden, doch es ist zu spät. Schon im nächsten Augenblick wird sie von einem fremden Pilger angesprochen: »Ist diese Kirche nicht wunderschön? Hier soll Teresa von Ávila oft mit Gott gesprochen haben und in ihr inneres Gebet versunken gewesen sein.«

Señora Alvarez öffnet endgültig ihre Augen. Die Wirklichkeit hat sie wieder. Aber wie sagte Teresa gerade eben noch? Traum und Wirklichkeit, wo ist da der Unterschied ... Señora Alvarez ist nicht traurig, dass sie Teresa nun wieder verloren hat, sondern freut sich, dass sie sie hatte finden dürfen. Mit einem leisen, zufriedenen Seufzen erhebt sie sich.

DER FALKE *erhebt sich von der Laterne und mit wenigen Flügelschlägen ist er schon bei der alten Stadtmauer angekommen. Eine Weile folgt er diesem alten Bollwerk, dann dreht er ab.*

STECKBRIEF: TERESA VON ÁVILA

1485	Übertritt des Großvaters vom Judentum zum Christentum
1515	Geburt in Ávila
1531	Eintritt in das Kloster der Augustinerinnen in Ávila
1535	Eintritt in den Karmel von der Menschwerdung
	Sie beginnt mit dem »Inneren Beten«
1538	Erkrankung, die lebensbedrohliche Ausmaße annimmt
1539	Lähmung, die sie mehr als drei Jahre ans Bett fesselt
1552	Besserung des Gesundheitszustandes
1554	Erfahrung der tiefen Liebe Christi
1560	Gründungssitzung zusammen mit Freundinnen und Verwandten in ihrer Klosterzelle für den Aufbau eines reformierten Ordens
1562	Nach Genehmigung durch Papst Pius IV. Gründung des Convento de San José mit Einführung der ursprünglichen Ordensregeln des Heiligen Albert von Jerusalem
1571	Ernennung zur Priorin des Karmels von der Menschwerdung
1577	Entsteht ihr Hauptwerk: Wohnungen der inneren Burg
1582	Tod in Alba
1614	Seligsprechung
1617	Ernennung zur Schutzpatronin von Spanien
1622	Heiligsprechung
1970	Ernennung zur Kirchenlehrerin durch Papst Paul VI. als erste Frau in der Geschichte der Kirche

WISSENSWERTES Teresa von Ávila hat nach ihrem ergreifenden Erlebnis, ihrer, wie sie sagte »Zweiten Bekehrung« 17 Klöster gegründet. Das innere Beten hatte sie schon immer ausgezeichnet, aber nun führte sie das intensiv weiter und es wurde auch ein wesentlicher Bestandteil des täglichen Lebens in ihren Klöstern. Sie legte großen Wert auf die Kontemplation und das Gebet, auf die innere, ganz persönliche Beziehung zu Gott. Ihr war es wichtig, dass sich jeder darin übte, das eigene Ego zu besiegen und absterben zu lassen.

Von radikaler Askese, Selbstgeißelung und allzu strengem Fasten hielt sie nichts. Auch war ihr das schwesterliche Miteinander und der intensive Austausch untereinander wichtig, weshalb sie die Anzahl der Nonnen im jeweiligen Kloster begrenzt hielt. Meistens waren es nur 17 - 20 Frauen, die aufgenommen wurden. Mit der Hilfe von Johannes vom Kreuz, dem Teresa freundschaftlich eng verbunden war, wurde Teresa auch Gründerin eines männlichen Zweiges ihrer Ordensgemeinschaft. Sie hinterlässt ein umfangreiches literarisches Werk, das auch heute noch gelesen wird. Sie wurde als erste Frau in der Geschichte der Kirche zur Kirchenlehrerin ernannt.

ÜBRIGENS: 1550 begann Nostradamus mit dem Verfassen seiner jährlichen Almanache. 1546 wurde William Shakespeare in England geboren. Um 1595 entstand seine Liebestragödie »Romeo und Julia«.

ROSA VON LIMA:
Ein Bußgürtel als Liebkosung

»Die Schmerzen trage ich gern, sie sind mein Geschenk
für Jesus!«

DER FALKE *überfliegt einen kleinen Garten, der in voller Blütenpracht erstrahlt. Eine kleine, baufällige Holzhütte steht am hinteren Ende unter einem großen Baum. Er fliegt zu einem Ast, der vor das Fenster ragt und schaut zur Hütte hinein. Ein Bett aus rohen Holzbrettern steht an der Wand, aus dem Kissen ragen gläserne Spitzen. Eine eiserne Kette hängt an der Wand. Ein junges Mädchen kniet vor einem einfachen Holzkreuz und betet. Seidiges Haar umfließt ihre zarten Gesichtszüge, die von zahlreichen feinen Narben übersät sind.*

Martin von Porres, Mönch im Dominikaner Kloster in Lima, steigt mit schwungvollen Schritten den Hang hinauf. Nach einer Weile bleibt er stehen und blickt zurück auf die Stadt, die sich unter ihm ausbreitet. Die Rosenkranz-

Basilika hebt sich mit ihrem Turm deutlich von ihrer Umgebung ab und in der Ferne leuchtet der Pazifik blau und verheißungsvoll. Ihm ist bewusst, dass die Geschichte dieser Stadt nicht einmal 70 Jahre alt ist, ja, dass das ganze Königreich Peru noch jung ist. Seine letzten Schritte hoch zum Garten von Rosa von Lima sind nicht mehr ganz so schwungvoll, denn mit den Gedanken an diesen Neubeginn kommt ihm auch das Los der Inkas in den Sinn. Dies hier war über einen langen Zeitraum ihr Reich gewesen und auch wenn sie Ungläubige sind und er froh ist, dass ihre Seelen mit der Taufe gerettet wurden, erfüllt es sein Herz mit Trauer, dass so viele Menschen ihr Leben bei der Eroberung lassen mussten. Aber genug der traurigen Gedanken, seine Vertraute Rosa von Lima wartet auf ihn.

Im Garten angekommen, eilt er weiter zu der kleinen Holzhütte, die unter einem großen Baum steht. Martin von Porres erblickt einen Falken, der auf einem ausladenden Ast des Baumes sitzt und sich überhaupt nicht von ihm stören lässt. Auch sein leises »Schsch« und das Wedeln mit seinen Händen bringen den Vogel nicht dazu, seinen Platz zu räumen. Martin zuckt mit den Schultern, lächelt und klopft schließlich an die Tür. Nach wenigen Sekunden öffnet er sie und betritt den vertrauten kargen Raum. Nur einige Webarbeiten liegen auf einem Schemel in der Ecke, ansonsten bietet der Raum weder Komfort noch Behaglichkeit. Rosa kniet noch betend auf dem harten Boden, steht aber nun auf und gemeinsam setzen sie sich an den einfachen Holztisch.

Feine, fast noch frische Kratzer zieren ihre Wangen und Martins Blick wandert zum mit Scherben gespickten

Kopfkissen auf der Holzpritsche. Jedes Mal, wenn er das sieht, ist er entsetzt.

Rosa reagiert prompt und seufzt: »Ach, welch himmlischer Frieden erfüllt mich, wenn ich nachts meinen Kopf auf mein Kissen bette, so kann ich zumindest einen kleinen Teil des Leidens Christi teilen.«

Martin schaudert innerlich. Er selbst lebt auch sehr asketisch, schläft wenig und fastet viel, aber das, was Rosa treibt, geht ihm doch um einiges zu weit. Selbst ihren Beichtvätern ist bereits aufgefallen, dass sie ständig irgendwelche Wunden hat. Seien es verbrannte Fußsohlen, verätzte Hände oder aufgerissene Wangen, so wie jetzt auch. Sie hatten Rosa schon vor langer Zeit verboten, sich in dieser Art selbst zu verletzen. Aber oft findet sie einen Weg, um die Verbote zu umgehen. Martin mustert heimlich ihren von der Kutte verdeckten Bauch. Ob sie vielleicht doch einen Bußgürtel trägt? Denn was die Beichtväter nicht sehen, können sie auch nicht verbieten. Und Rosa ist in dieser Hinsicht sehr erfinderisch.

Leise sagt er: »Ich weiß, du bist in erster Linie Gott gehorsam, aber muss es wirklich solch ein Kissen sein?«

»Ach Martin, für mich gibt es nichts Erquicklicheres als mit seinem Sohn, Jesus Christus, zu leiden. Das erfüllt mich mit tiefem Frieden.« Sie strahlt ihn an und fährt fort. »Schließlich ist Jesus für uns Menschen am Kreuz gestorben und deshalb möchte ich etwas von diesem Leid mittragen, möchte mit ihm gekreuzigt sein.«

Diese Gedanken an die Passion Christi kann Martin durchaus nachvollziehen, aber in seinen Augen übertreibt sie es mit der Askese und den Selbstkasteiungen. Kritisch betrachtet er eine eiserne Kette, die an der Wand hängt. Diese Kette kennt er noch nicht, die hat bei seinem letzten Besuch noch nicht dort gehangen. Die war doch sicherlich nicht nur zu Dekorationszwecken aufgehängt worden. Aber will er wirklich wissen, wofür sie dient? Eigentlich geht es ihn ja gar nichts an, wie Rosa ihre Askese betreibt, aber andererseits ist er im Kloster für die Krankenpflege zuständig und dort sieht er jeden Tag die schlimmsten Krankheiten. Jeder der Kranken ist froh, wenn ihm geholfen wird. Wieso soll jemand freiwillig diese übermäßigen Leiden und Schmerzen auf sich nehmen? Das kann nicht Gottes Wille sein.

»Wenn du so weitermachst, bist du auf dem besten Weg, deinen Leib zu zerstören und zu sterben. Du weißt, dass du es nicht übertreiben darfst, die Grenzen zwischen Askese und körperlicher Selbstzerstörung sind fließend und ich möchte dich als dein Freund und Vertrauten bitten, immer auf der richtigen Seite zu verweilen.«

Rosa lächelt ihn milde an und er weiß ganz genau, dass sie nicht im Entferntesten daran denkt, seine Worte zu berücksichtigen. Mit melodischer Stimme antwortet sie: »Mein Lieber, ich danke dir für deine Worte, aber sie werden nichts ausrichten, ich habe meine innere Bestimmung gefunden und wenn es mein Schicksal ist, dabei zu sterben, so ist dies Gottes Wille und nicht meiner. Ein Fest ist nicht schöner, nur weil es länger dauert.«

Martin seufzt, es ist verrückt, im Kloster versucht er alles, um die Kranken zu heilen und ihre Leiden zu mindern und hier sitzt nun Rosa vor ihm, mit zerkratzten Wangen und die Hände übersät mit Narben. Ihre ganze körperliche

Erscheinung ist so zart, dass ein Windhauch sie umwerfen könnte. Nun gut, das sind reine Äußerlichkeiten, denn ihre innere Stärke hat er immer wieder zu spüren bekommen und die bewundert er. Doch wenn der Körper nicht mehr mitmacht, nützt auch die innere Stärke nichts. Wieso will sie das nicht verstehen? Sie lässt sich weder von ihren Eltern noch von ihren Geschwistern von ihrem Tun abbringen. Niemand vermag das.

Der Sinn des täglichen Lebens besteht für Rosa aus dem inneren Zwiegespräch mit Gott. Rosa nennt es Gespräch, Martin nennt es Kontemplation. Sein Blick bekommt einen bekümmerten Ausdruck, als er sieht, wie Rosa mit einem Leinentuch ihre Wangen abtupft. Sie nimmt daraufhin seine Hände und hält sie fest. »Martin, sorge dich nicht um mich. Ich werde meinen Weg gehen. Die Schmerzen trage ich gern, sie sind mein Geschenk für Jesus. Ich kann mir ein Leben ohne sie nicht mehr vorstellen. Sie erinnern mich jeden Moment meines Lebens daran, dass Jesus aus Liebe für uns am Kreuz gestorben ist. Ich bin froh über jede Verletzung, über jeden noch so kleinen Schmerz, denn so ist es mir möglich, meine Liebe für Jesus zu zeigen, in meinem Schmerz bin ich ihm nah.«

Martin seufzt leise und antwortet: »Das verstehe ich ja auch alles, aber musst du es denn so übertreiben? Gibt es nicht auch einen einfacheren Weg, deine Liebe zu zeigen?«

Nun seufzt Rosa schwer. »Martin, du willst einfach nicht verstehen, dass es *mein* Lebensweg ist. Mein ganz persönlicher Weg und ich erwarte nicht, dass du oder irgendjemand anderes das versteht. Ich erwarte aber, dass ich ihn ungehindert gehen darf. Wie oft schon hat meine Mutter mir Steine in den Weg gelegt, sich von mir abgewendet, mich beschimpft und mir nicht vertraut. Dabei muss doch jeder Mensch für sich selbst entscheiden, keiner darf ihm da hineinreden.«

Martin nickt ergeben und Rosa fährt fort: »Wie oft musst du dich in deinem Handeln verteidigen, wie oft anderen gegenüber argumentieren, wieso du im Kloster lebst, oder warum du ausgerechnet den Armen und Kranken hilfst?«

Martin schaut Rosa erstaunt an, denn wenn er ehrlich ist, musste er seinen Lebensweg noch nie vor jemandem rechtfertigen. Ihm fehlen die richtigen Worte, um ihr zu antworten.

»Nur weil ich eine Frau bin, denkt jeder, er kann mir in mein Leben hineinreden, dabei kenne ich meinen Weg sehr genau. Gott führt mich jeden Tag und ich nehme es dankbar an, denn wer wüsste ihn besser als er?«

Nun ist Martin endgültig sprachlos. Darüber hatte er überhaupt noch nicht nachgedacht, aber bevor er etwas antworten kann, spricht Rosa weiter: »Weißt du noch, wie meine Mutter reagiert hat, als ich ihr sagte, dass sie später in das neue kontemplative Kloster, das zu Ehren der Katharina von Siena hier in Lima erbaut werden soll, einziehen wird?« Martin nickt und Rosa fährt leise fort: »Sie hat mich gefragt, woher sie denn das Silber für die Aussteuer nehmen solle, und dass sie doch Mutter und Ehefrau sei und nicht einfach den Schleier nehmen könne. Keinen einzigen Moment hat sie mir geglaubt.«

Rosa sieht ihn mit ihren ausdrucksvollen Augen traurig an und Martin hat bei ihren Worten wieder diese besondere Situation vor Augen. Er weiß, dass Katharina von Siena Rosas großes Vorbild ist. Zu seinem Leidwesen vor allem in der Askese und Geißelung. Betrübt denkt er daran, dass Katharina sehr jung an Jahren gestorben ist und das sicher auch, weil sie zuletzt fast nur noch gefastet hat. Hoffentlich folgt Rosa ihr nicht auch in dieser Hinsicht nach. »Es macht mich sehr traurig, dass meine eigene Mutter an mir zweifelt«, holen ihn Rosas Worte aus seinen Gedanken zurück. Oh ja, das kann Martin gut verstehen. Möchte nicht jeder Mensch von seiner Mutter geliebt und in seiner Eigenart angenommen werden? Und ist nicht auch das Vertrauen in die eigenen Kinder eine wichtige Voraussetzung, damit diese an sich selbst glauben lernen?

Plötzlich hat er eine zweite Situation vor Augen, nämlich den Moment, als Rosa ihrer Mutter von dem bevorstehenden Bau des Katharinen Klosters erzählt hat. Ihre Mutter ist sowieso schon sehr temperamentvoll, aber nach dieser Ankündigung ihrer Tochter war sie förmlich explodiert. Sie hatte geschimpft und allerlei Drohungen Rosa gegenüber ausgestoßen. Rosa, die Ärmste, war ganz blass geworden, aber dennoch war sie nicht von der Stelle gewichen und hatte ihrer zornigen Mutter ins Gesicht geschaut. Martin fand das bewundernswert mutig.

Nachdenklich fährt Rosa fort: »Meine Mutter hat mich als Kind oft geschlagen und das eigentlich immer ohne ersichtlichen Grund. Sie wollte und will einfach nicht verstehen, dass mein Weg von Geburt an vorgezeichnet ist. Wieso soll ich mich ihrem Willen beugen, wenn ich doch von Gott berufen bin? Und so war es nicht mein Weg, zu heiraten und Kinder zu bekommen und wird es auch nie sein. Mein Weg ist die innere Einkehr, die Versenkung, das Gespräch mit Gott. Nur so erkenne ich auch Dinge, nur so sehe ich Ereignisse voraus und habe Visionen.«

Der Wind pfeift um die kleine Hütte und rüttelt an der Tür. Da fällt Martin etwas anderes ein. »Wurde dir auch in einer Vision gezeigt, dass hier in Lima ein kontemplatives Kloster für Frauen entstehen wird?«

»Ja«, ist die kurze Antwort. »Es wäre das erste seiner Art in Südamerika und die neue Welt ist doch gerade erst im Werden und Entstehen. Meinst du, es werden genügend Frauen dort eintreten?« Bei aller Lieblichkeit, die Rosa ausstrahlt, hat er völlig vergessen, wie streng und unerbittlich sie einen anschauen kann. Es fühlt sich dann an, als wäre sie seine Lehrerin und er hätte eine wirklich dumme Frage gestellt.

»Martin, ich bin mir deshalb so sicher, weil Gott mir in einer Vision das Kloster in seiner ganzen Pracht gezeigt hat. In einer weiteren Vision, in der weiße Nelken in der Luft schwebten, habe ich erkannt, wie viele Frauen aus meiner Familie dort einziehen werden. Für jede Nelke eine Frau.«

Bevor Martin Luft holen und etwas erwidern kann, fährt sie fort: »Und komm mir jetzt nicht mit der Aussteuer. Das Silber ist nicht alles, um in einem Kloster aufgenommen zu werden. Es wird Statuten geben, dass unter besonderen Bedingungen auch Frauen ohne eine gefüllte Aussteuertruhe dort aufgenommen werden können. Gott hat mir dieses Kloster gezeigt und es wird gebaut werden und wachsen und gedeihen. Das sei dir versichert.«

Aber Martin hat trotzdem seine Bedenken, denn Rosa wird zwar in der Gegend um Lima schon fast als Heilige verehrt, aber ein Klosterbau ist ja eine ganze andere Sache. Das ist ein riesiges Projekt und die Planung und der Bau würden mehrere Jahre dauern. Er erinnert sich daran, wie sie wie ein kleines Kind im Garten auf der Erde gesessen und einen richtigen Bauplan in den Sand gezeichnet hat, mit einer Klosterkirche, dem Klostergarten und den Zellen für die Nonnen. Außerdem hatte sie sogar vorhergesagt, wer die Äbtissin werden würde. Aber woher soll das Gold dafür kommen? Die Regierung würde ganz sicher nichts dazu beisteuern. Dabei gibt es in Peru genug davon. Schließlich haben die Konquistadoren vor nicht mal einem Jahrhundert das Reich der Inkas vernichtet und das ganze Gold aus den Tempeln und Heiligtümern geraubt. Rosas Worte reißen Martin aus seinen Gedanken und es ist wie so oft, als hätten seine Gedanken wie ein offenes Buch vor ihr gelegen.

»Ich sorge mich nicht um das Gold und Silber, das für den Bau notwendig sein wird. Gott wird sich auch darum kümmern, da bin ich mir sicher.«

Martin nickt ehrerbietig. Schon oft ist das eingetreten, was sie prophezeit hat und nur weil das in diesem Fall ein großes Projekt ist, muss es ja nicht heißen, dass es scheitert. Wenn er es recht bedenkt, ist er ein armseliger Freund. Müsste er Rosa nicht unterstützen, statt ihr seine Zweifel kundzutun? Nachdenklich blickt er aus dem Fenster und registriert erstaunt, dass der Falke noch immer auf dem Ast vor dem Fenster sitzt. Martin ist irritiert, hätte der nicht schon längst davonfliegen müssen? Ganz reglos sitzt er da, nur der Wind lässt seine Federn zittern. ‚Ein stiller Beobachter‘, denkt Martin, ‚ihm entgeht hier drinnen nichts.‘

Rosa folgt seinem Blick und schaut zum Fenster hinaus. Die Anwesenheit des Vogels scheint sie nicht zu verunsichern.

»Er sitzt seit den frühen Morgenstunden dort«, sagt sie schlicht und fügt dann wie beiläufig hinzu: »Gestern habe ich in einer neuen Vision erfahren, dass ich selbst nicht in das Kloster einziehen werde.« Martin zuckt zusammen, schaut Rosa erschrocken an und fragt: »Aber wie soll das möglich sein? Du hattest die Vision, auf dich kommt es an!«

»Nein, mein Lieber, nur auf Gott kommt es an. Das Kloster wird auch ohne mich gebaut werden, das ist sicher.«

Ihre Worte bekümmern Martin. Für ihn klingt das so, als wüsste sie, dass sie den Bau gar nicht mehr miterleben wird. Gibt es deshalb diese innere Verbundenheit zu Katharina von Siena? Fühlt sie sich ihr so nahe oder so gleich, weil Gott ähnliches mit ihr vorhat? Er schüttelt diese trüben Gedanken ab. Nur das Jetzt zählt, er will sich nicht mit Gedanken an die Zukunft belasten. Die Glocken der Rosenkranz-Basilika unten an der Plaza de la Vera Cruz lassen ihren tiefen Ton erklingen. Es ist Zeit für den Gottesdienst. Sie treten aus der Hütte in den sommerlichen Garten. Der Wind hat nachgelassen, es herrscht eine erhabene Ruhe. Gemeinsam gehen sie den Hang hinunter, um Gott zu preisen und die geweihte Hostie zu empfangen.

DER FALKE *schüttelt sein Gefieder, erhebt sich von dem Ast und begleitet die beiden Freunde noch ein kleines Stück auf ihrem Weg. Am Horizont leuchtet der Pazifik in tiefem Blau. Er ruft nach ihm, zeigt ihm sein neues Ziel. Der Falke dreht ab und folgt dem Ruf.*

STECKBRIEF: ROSA VON LIMA (ISABEL FLORES DE OLIVA)

1535	Gründung von Lima unter dem Namen Ciudad de los Reyes
1586	Geburt in Lima, Peru
1589	Vision der Mutter von einer Rose, die sich über die Wiege beugt, seitdem der Rufname: Rosa
Um 1596	Wunsch nach einem gottgeweihtem Leben; ihr großes Vorbild ist Katharina von Siena
1606	Eintritt in den Dritten Orden der Dominikanerinnen unter dem Ordensnamen Rosa a Santa Maria, Leben als Einsiedlerin in einer selbstgebauten Hütte in der Nähe ihres Elternhauses
	Von hier an führt sie ein Leben in Askese und Buße; Kontakt hat sie nur zu wenigen, ihr vertrauten Menschen
	Sie verdient sich ihren Lebensunterhalt mit Garten- und Webarbeiten
1617	Tod in Lima
1623	Gründung des ersten kontemplativen Klosters in Südamerika, an dessen Planung Rosa mitgewirkt hat.
1668	Seligsprechung durch Papst Clemens IX.
1671	Heiligsprechung durch Papst Clemens X. – sie wird die erste Heilige Südamerikas
	In der Nähe ihres Geburtshauses wird eine Basilika errichtet, die ihren Namen trägt

WISSENSWERTES Rosa von Lima war die Initiatorin für die Gründung des ersten kontemplativen Klosters in Südamerika. Es wurde jedoch erst nach ihrem Tod gebaut. In jungen Jahren beschloss Rosa, ihr Leben ganz Gott zu widmen und nicht zu heiraten. Ihr großes Vorbild war Katharina von Siena aus Italien. Mit 20 Jahren trat sie, gegen den Wunsch ihrer Eltern, in den Orden der Dominikanerinnen ein und lebte weiterhin als Reklusin im Garten ihrer Eltern. Rosa wollte Jesus in seinem Leid, das er am Kreuz für die Welt erlitten hatte, folgen und jede Weichlichkeit aus ihrem Körper vertreiben. Sie erfand immer neue Marterwerkzeuge, um ihren Körper unter den Gehorsam des Geistes zu bringen. Sie lebte ganz für die Passion Christi. Ihre Beichtväter versuchten vergebens, sie davon abzuhalten, sie starb viel zu früh an allgemeiner Schwäche und Unterernährung. Schon zu ihren Lebzeiten wurde sie als Heilige verehrt. Die Eroberung Perus geschah 50 Jahre vor Rosas Geburt. Franzisco Pizarro landete mit wenigen hundert Männern 1532 an der peruanischen Küste. Die Hauptstadt von Peru wurde 1535 unter dem Namen Ciudad de los Reyes an der Pazifikküste gegründet. Erst später wurde sie in Lima umbenannt. Mit den Einheimischen wurde nicht gerade zimperlich verfahren. Folter und Mord waren an der Tagesordnung. Rosa wusste um das Schicksal dieser Menschen, welches sie sehr belastete.

ÜBRIGENS: Der Petersdom wurde nach über 120 Jahren Bauzeit 1626 eingeweiht. Unter den zahlreichen Architekten befand sich auch Michelangelo.

BERNADETTE SOUBIROUS:
Die Quelle des Lebens

»Je ne vous promets pas de vous rendre heureuse en ce
monde, mais dans l'autre.« (»Ich verspreche nicht, Sie in dieser
Welt glücklich zu machen, aber in der anderen.«)

DEM PAZIFIK *war er gefolgt, über das Karibische Meer hinweg und dann über den Atlantik. Nun fliegt der Falke über das
kleine Städtchen Lourdes. Am Horizont glitzern die schneebe-
deckten Spitzen der Pyrenäen in der fahlen Wintersonne. Drei
Mädchen sind in der Ferne zu sehen, sie sammeln Feuerholz.*

Aus den Memoiren der Bernadette Soubirous:

10. Februar 1858
Dieser Winter ist wieder unfassbar kalt. Das Feuerholz-
suchen ist wichtiger denn je. Aber unser Heim wird selbst
mit dem Feuer nie richtig warm. Wer wohnt auch schon in
einem ehemaligen Gefängnis? Es ist eigentlich nicht viel

größer als ein Loch. Es ist so ungerecht, dass Papa die Arbeit in der Mühle verloren hat! Aber ich klage nicht, so bin ich erzogen. Maman klagt schließlich auch nicht. Sie sei stolz auf *ihre große Tochter*, sagt sie immer wieder zu mir. Ich fühle mich aber gar nicht groß, wenn ich in Holzschuhen unten an der Gave Holz sammle und durch das eisige Wasser steige, wenn ich in den vielen Buchten nach Treibholz suche. Am schlimmsten ist der ständige Husten. Maman sagt, ich hätte Asthma. Mir ist es egal, wie die Krankheit heißt, es tut einfach nur weh. Morgen früh werde ich mit meinen Freundinnen gemeinsam Holz sammeln gehen. Zusammen macht das einfach mehr Spaß.

11. Februar 1958
Es ist unglaublich. Ich war heute mit Antoinette und Jeanne an der Gave zum Holzsuchen. Ich wollte gerade meine Schuhe ausziehen, als ich in einer kleinen Grotte, die etwas oberhalb der Gave liegt, etwas so Wundervolles gesehen habe, dass ich fast keine Worte dafür finde. Ich habe eine Frau gesehen, von solcher Schönheit, dass ich wie geblendet war. Ich musste meine Augen reiben, mehrmals, denn ich habe ihnen wirklich nicht getraut. Aber die Frau war danach noch immer da. Sie war so schön und sah so lieblich aus, dass ich keine Angst hatte. Sie bat mich mit einer Handbewegung näherzukommen. Sie schlug das Kreuz und ich betete einen Rosenkranz.

Ich betrachtete sie genauer und erkannte, dass es keine richtige Frau war, also ich meine aus Fleisch und Blut, sondern eher eine Lichterscheinung. Sie war umgeben von einem sanften Schimmer und trug ein göttliches Lächeln in ihrem zarten Gesicht. In ihrer Gegenwart habe ich von meiner Umgebung nichts mehr mitbekommen, ich war wie entrückt und in einer anderen Welt. Vergessen war die Kälte, vergessen war mein Hunger und mein Husten. Mit Worten hat diese Frau nichts zu mir gesagt, aber mit ihren Augen hat sie mir ihre ganze Liebe und Aufmerksamkeit geschenkt. Das war so wundervoll! Ich wünschte, dass dieser Augenblick ewig hätte andauern mögen, aber leider verschwand die Frau so plötzlich wie sie erschienen war. Nur das sanfte Licht war noch eine Weile zu sehen.

Jeanne hat gesehen, dass ich in der Grotte gebetet habe und kam mit meiner Schwester Antoinette zurück. Beide haben mich ausgefragt und wollten wissen, was ich denn dort Verrücktes in der Grotte gemacht habe. Sie meinten, wer würde denn schon in einer Felsengrotte beten? Es würde ja reichen, dass wir das jeden Sonntag in der Kirche machen müssten. Ob mir das nicht reichen würde? Es war mir so selbstverständlich im Anblick dieser Erscheinung zu beten, dass ich überhaupt nicht darüber nachgedacht habe, dass es für andere vielleicht merkwürdig erschien. Es kam einfach über mich. Zum Glück hatte ich meinen Rosenkranz in der Kittelschürze stecken. Ich habe den anderen von der Frau erzählt, aber natürlich wollten sie es erst gar nicht glauben. Das kann ich gut verstehen, denn ich kann es ja selber kaum glauben. Maman war nicht begeistert darüber. Sie meinte, wir hätten schon genug Ärger und bräuchten nicht noch mehr Aufsehen. Ich solle bloß keinem davon erzählen. Ich glaube, sie hat es selbst auch gar nicht geglaubt und wollte nicht, dass ich mich und unsere Familie lächerlich mache. Jetzt, da ich hier in meinem Bett liege, kommt es mir auch fast unwirklich vor. Ich muss unbedingt nochmal in diese Grotte. Leider hat mir Maman das Versprechen abgenommen, nicht mehr dorthin zu gehen. Aber ich weiß nicht, ob ich mich daran halten kann. Zu stark ist meine Sehnsucht, diese Frau wiedersehen zu wollen. Sie ist das Licht, die Liebe. In ihrer Gegenwart fürchte ich mich nicht.

16. Februar 1858
Das Verbot von Maman habe ich nicht lange befolgen können. Heute habe ich sie innigst gebeten, mich wieder hinaus zur Gave zu lassen. Ich musste diese besondere Frau unbedingt wiedersehen. Es ist, als würde ein Feuer in mir brennen. Ich musste einfach dorthin, es war wie ein Sog. Kaum in der Grotte angekommen, erschien sie mir wieder in ihrer lieblichen Gestalt. Jeanne hatte ein kleines Fläschchen mit Weihwasser dabei. Sie meinte vorher, dass ich die Gestalt damit beträufeln solle, denn wenn sie vom Teufel geschickt worden wäre, dann würde sie sich in Luft auflösen. Denn wer kann schon dem Weihwasser widerstehen? Sobald ich die Frau gesehen habe, habe ich sofort die kleine Flasche genommen und sie mit dem Weihwasser besprenkelt. Doch es ist nichts passiert, die Frau lächelte mich immer noch an. Ich war völlig entzückt, es war wunderschön.

Der Müller von der Mühle gegenüber muss wohl etwas mitbekommen haben und uns gefolgt sein, jedenfalls hat er mich grob am Arm gepackt und nach Hause gezerrt. Er meinte, ich würde unheimlich aussehen, wenn ich dort in der Grotte knien und beten würde. Das sei nicht normal. Er fragte mich allen Ernstes, ob ich verrückt geworden sei.

Maman hat jedenfalls getobt, als sie gehört hat, was geschehen war. Ich glaube, ich darf niemals mehr in die Grotte gehen. Aber ich werde es trotzdem tun.

16. März 1858

Es ist so viel passiert, ich weiß gar nicht, wo ich anfangen soll. Natürlich war ich wieder in der Grotte. Und die Frau war wieder da! Sie hatte mich sogar gebeten, dass ich vierzehn Tage lang jeden Tag zu ihr kommen solle. Diesem Wunsch bin ich nur zu gerne nachgekommen. Jedes Mal wenn diese wunderschöne Frau mir erscheint, fühle ich mich all meiner Sorgen enthoben. Vergessen ist der Hunger, und auch mein Asthma spüre ich nicht.

Ach, könnte ich doch immer in der Grotte bei dieser Lichtgestalt bleiben. Eines Tages sagte sie mir, dass ich in der Mitte der Grotte im Schlamm graben solle. Ich habe es getan und zutage trat reines, klares Wasser. Jetzt läuft es in einem kleinen Bach hinunter zur Gave. Mittlerweile folgt mir schon das halbe Dorf, wenn ich zu der Grotte gehe. Auch von anderen Dörfern kommen die Menschen. Das ist mir gar nicht recht. Viel lieber wäre es mir, wenn ich dort meine Ruhe hätte und ganz allein mit dieser Frau wäre. Das ist mir nicht vergönnt. Zeitweise war die Grotte abgesperrt worden, das Band hielt nicht lange, zuviele Menschen drängten mir nach. Vielleicht wollten sie alle einen Blick auf die Lichtgestalt erhaschen, doch noch immer bin ich die Einzige, die diese schöne Dame sehen kann. Beim letzten Mal hat sie wieder zu mir gesprochen. Sie möchte, dass bei der Grotte eine Kapelle gebaut wird. Das habe ich auch sofort dem Pfarrer sagen lassen. Daraufhin musste ich zu einem Gespräch bei ihm erscheinen. Ich aber würde es eher ein Verhör nennen.

Verhör der Bernadette Soubirous durch den zuständigen Ortspfarrer im März 1858:

Ortspfarrer: »Bist du das Mädchen, dem in der Grotte eine Dame erscheint?«

Bernadette: »Ja, Herr Pfarrer.«

Ortspfarrer: »Und die Dame hat dir gesagt, dass man dort eine Kapelle bauen und Prozessionen veranstalten soll?«

Bernadette: »Ja.«

Ortspfarrer: »Es irritiert mich etwas, dass du die Einzige sein sollst, die diese Erscheinung sieht. Das ist nicht normal! Du weißt, dass du mich nicht anlügen darfst! Dir droht eine böse Strafe, falls du es tun solltest!«

Bernadette: »Ich lüge nicht!«

Ortspfarrer: »Das rate ich dir sehr! Also, du behauptest allen Ernstes, dass es die Jungfrau Maria ist, die dir dort erscheint?«

Bernadette: »Nein, das habe ich nie gesagt.«

Ortspfarrer: »Wer ist sie denn dann, diese Dame?«

Bernadette: »Ich weiß es nicht.«

Ortspfarrer: »Törichtes Mädchen, wenn wir der Dame eine Kapelle bauen sollen, dann muss sie auch ihren Namen sagen. Sorg dafür, dass du ihn erfährst!«

Bernadette: »Ich werde sie fragen, versprochen!«

02. April 1858

Weil der Pfarrer mich so bedrängt hat, habe ich die schöne Frau schließlich nach ihrem Namen gefragt. Ich musste sie dreimal fragen, dann erst hat sie mir ihren Namen genannt. Ich war so aufgeregt, dass ich mir den Namen kaum merken konnte, deshalb habe ich ihn mir auf dem Weg zum Pfarrer immer wieder vorgesagt. Ein normaler Name war es ja auch gar nicht, den sie mir genannt hat. Ich wollte auf keinen Fall etwas Falsches wiedergeben! Der Pfarrer war sichtlich erstaunt, als er erfuhr, dass die Dame zu mir gesagt hatte: »Ich bin die unbefleckte Empfängnis.«

Er war völlig durcheinander und fragte mich, ob ich von Papst Pius IX. und seinem verkündeten Dogma der Unbefleckten Empfängnis wissen würde. Ich weiß wirklich nicht, wie er auf diesen Gedanken kommen kann. Woher soll ich denn so etwas wissen? Er meinte, er müsse jetzt unbedingt einen Brief an den Bischof in Tarbes schreiben. Na gut, wenn er denkt, dass das wichtig ist. Was ich viel schlimmer finde, ist, dass ich immer wieder zu einem Gespräch einbestellt werde, von allen möglichen Menschen, die mir fremd sind. Dabei habe ich schon alles gesagt, was ich weiß. Was wollen sie denn noch? Ich weiß doch auch nicht, warum ich allein diese Dame sehen kann und keiner sonst. Wieso kann ich nicht meine Ruhe haben? Es sind so viele Menschen, die mir zur Grotte folgen. Auch auf der Straße werde ich angesprochen und ausgefragt. Früher haben sich die Menschen auch nicht für mich interessiert. Sicher, es ist schon seltsam, dass ich diese Dame sehen kann. Aber ich bin deshalb nichts Besonderes. Ich nenne sie nur noch Dame, das klingt viel passender als *Frau* oder *Lichterscheinung*. Sie ist so lieblich, dass es mich jedes Mal wieder berauscht.

Verhör mit dem kaiserlichen Staatsanwalt im Frühjahr 1858:
Staatsanwalt: »Die Erscheinung bildest du dir sicher nur
ein, du armes Kind. Diese Frau existiert überhaupt nicht,
nun gib es schon endlich zu!«
Bernadette: »Doch, sie existiert, ich habe sie mit eigenen
Augen gesehen. Es ist keine Einbildung. Zuerst habe ich
auch nicht daran geglaubt, mir die Augen gerieben. Aber
es ist wahr, die Dame gibt es.«
Staatsanwalt: »Andere Menschen sagen, die Dame sei nur
eine Illusion, ein Trugbild und ich glaube, sie haben recht.
Wieso solltest ausgerechnet du eine solche Erscheinung
haben?«
Bernadette: »Ich weiß nicht, warum nur ich sie sehen kann,
aber wenn die anderen Menschen sie auch sehen würden,
dann wüssten sie es besser. Sie würden verstehen, dass die
Dame keine Einbildung ist.«
Staatsanwalt: »Wieso, meinst du, können die anderen die
Dame nicht sehen?«
Bernadette: »Das weiß ich nicht, mein Herr.«
Staatsanwalt: »Du bringst eine große Unruhe in das Dorf.
Mittlerweile folgen dir schon hunderte von Menschen in
die Grotte. Das muss aufhören! Versprich, dass du nicht
mehr dorthin gehen wirst.«
Bernadette: »Das kann ich nicht mein Herr!«

16. April 1858
Es zermürbt mich sehr, dass ich auf offener Straße von den
Menschen bedrängt werde. Immer wieder muss ich von
meinen Erlebnissen in der Grotte erzählen. Manche fragen
mich sogar um Rat für ihre Probleme. Mich! Es ist, als wäre

ich durch die Tatsache, dass nur ich die Dame sehen kann, in den Augen der anderen zu einem anderen Menschen geworden. Aber das stimmt nicht, ich bin doch immer noch einfach nur Bernadette. Will das denn keiner verstehen?

Verhör mit einem Polizeikommissar:
Polizeikommissar: »Wie alt bist du?«
Bernadette: »Vierzehn Jahre.«
Polizeikommissar: »Du sagst, du gehst immer wieder in die Grotte, weil die Dame dir aufgetragen hat, wiederzukommen, stimmt das?«
Bernadette: »Ja, das stimmt.«
Polizeikommissar: »Du hast auch gesagt, sie sei sehr schön.«
Bernadette: »Ja, auch das stimmt. Sie ist schöner als jede Frau, die ich bisher gesehen habe.«
Polizeikommissar: »Weiterhin hast du gesagt, dass die Jungfrau dich angelächelt hat.«
Bernadette: »Nein, das stimmt nicht. Von einer Jungfrau habe ich nie etwas erzählt.«
Polizeikommissar: »Jetzt reicht es! Du hast selbst gesagt, sie nennt sich die unbefleckte Empfängnis. Du spielst dich hier ganz schön auf! Sicher gefällt es dir, armem Mädchen, dass dir alle Welt hinterherläuft.«
Bernadette: »Nein, das gefällt mir eben nicht, ich wäre lieber allein in der Grotte.«
Polizeikommissar: »Das glaube ich dir nicht. Lass dir eines gesagt sein: Wenn du auch weiterhin zur Grotte gehst, werde ich dich ins Gefängnis sperren! Oder besser noch, ich werde deine Eltern zur Verantwortung ziehen. Sie hätten dich zu mehr Vernunft und Aufrichtigkeit erziehen

sollen. Nun sag endlich, dass du überhaupt nichts in der Grotte gesehen hast.«

Bernadette: »Doch Monsieur, ich habe die Dame gesehen, ich darf nicht lügen, also lüge ich auch nicht, ich sage die Wahrheit.«

Sommer 1860

Es waren im Laufe der letzten beiden Jahre viele Verhöre, zu denen ich vorgeladen wurde, aber ich habe sie mir nicht alle gemerkt. Wer könnte sich sowas auch alles merken? Außerdem waren sie schlimm, unerfreulich, manchmal roh. Zuletzt hat mich der Bischof von Tarbes verhört, mit sage und schreibe zwölf Mitgliedern der bischöflichen Kommission. Dabei ist mir die Dame zu diesem Zeitpunkt schon seit mehr als zwei Jahren nicht mehr erschienen. Darunter leide ich sehr. Mir fehlt die Liebe, die sie ausgestrahlt hat. Ich glaube, ich habe noch nie in meinem Leben so viel Liebe auf einmal verspürt. Das fehlt mir so sehr.

Jeden Tag denke ich an sie. Mein größter Herzenswunsch ist es, sie noch einmal sehen zu dürfen. Aber sooft ich auch in die Grotte gehe, werde ich doch jedes Mal wieder enttäuscht. Es ist auch gar nicht mehr meine Grotte. Alles ist anders. Es sind immer viele Menschen dort, nie bin ich allein. Jetzt wird bald die Krypta eingeweiht, so wie es sich die Dame gewünscht hat. Darüber freue ich mich natürlich. Ihr Wunsch wurde erfüllt.

Mein Asthma macht mir in letzter Zeit wieder sehr zu schaffen. Manchmal fühlt es sich fast so an, als würde ich ersticken. Aber wenn es mir sehr schlecht geht, denke ich immer an meine liebe Dame, dann geht es mir gleich besser. Egal, was kommen wird in meinem Leben, egal, wo ich sein werde, was ich tun werde, ich werde die Dame wiedersehen. Ich werde sie in mir selbst finden. Auch, wenn ich in dieser Welt nicht glücklich bin, ich werde es in der nächsten sein, bei ihr.

DER FALKE *hat genug gesehen. Er hat genug gehört. Er trägt Gesehenes und Gehörtes mit sich fort, weiter auf seinem Weg.*

STECKBRIEF: BERNADETTE SOUBIROUS

1844	Geburt in Lourdes, Frankreich
1858	11. Februar: Erste Marienerscheinung in der Grotte Massabielle
	10. Juli: Letzte Marienerscheinung von insgesamt 18 Erscheinungen
	Bernadette legt in der Grotte eine Quelle frei und erhält den Auftrag, dort eine Kapelle zu errichten
1866	Eintritt als Postulantin in das Kloster Saint-Gildard in Nevers
1867	Sie legt die einfache Profess ab
1878	Sie legt die ewige Profess ab
	Nie wieder ist sie zu der Grotte in Lourdes zurückgekehrt
1879	Sie stirbt an Knochentuberkulose im Konvent
1925	Überführung ihres Leichnams in die Kapelle des Klosters Saint-Gildard in Nevers (heute Espace Bernadette Soubirous)
	Seligsprechung durch Papst Pius XI.
1933	Heiligsprechung durch Papst Pius XI.: Tag der unbefleckten Empfängnis
	Ihr Gedenktag ist der 16. April, sie gilt als Schutzpatronin der Armen und Kranken
1941	Franz Werfel schreibt in Lourdes den Roman »Das Lied von Bernadette«, es wird vertont und mehrfach verfilmt - zuletzt 2011
	Heute ist Lourdes einer der meistbesuchten Wallfahrtsorte der Welt

WISSENSWERTES Schon im Jahr 1858 kam es zu ersten Wunder-
heilungen an der Grotte von Massabielle. Doch die Heilkraft der
Quelle war nicht für Bernadette und ihre Krankheiten bestimmt,
wie es ihr eine Stimme offenbart hatte. Bernadette war schon
immer sehr zart gewesen. Asthma plagte sie seit ihrer frühesten
Kindheit. Später kam Knochentuberkulose hinzu. 1866 wurde die
Krypta in Lourdes eingeweiht. Im selben Jahr kam Bernadette mit
22 Jahren in das Kloster Saint-Gildard in Nevers. Dort hatte sie es
schwer, denn wegen ihrer Berühmtheit hatte man Angst um ihre
Demut. Sie fühlte sich einsam und fand nur schwer Zugang zu anderen. Bernadette erledigte zuerst die niedrigsten Arbeiten, bis
sie später für Stickereien und die Wäsche zuständig war. Immer
wieder kam es zu gesundheitlichen Krisen mit akuter Todesbedro-
hung. Sie hatte quälende Asthmaanfälle mit Erstickungssympto-
men und starke Schmerzen durch die Knochentuberkulose. Mit 36
Jahren starb sie aufrecht sitzend und den Tod erwartend. Sie ist
nie wieder in der Grotte gewesen. Ihre Ganzkörperreliquie gilt in
der katholischen Kirche als unverweslich. Lourdes hat sich seitdem
zu einem der bedeutendsten Wallfahrtsorte in Europa entwickelt.
Die Quelle, die Bernadette einst mit ihren Händen ausgegraben
hat, liefert heute das Badewasser für Kranke in der Badehalle in
Lourdes.

ÜBRIGENS: Als Bernadette drei Jahre alt war, veröffentlichte
Emily Brontë in England ihren Roman »Sturmhöhe« und Philipp
Reis stellte 1861 in Frankfurt erstmals seine neue Erfindung vor: das
Telefon.

THÉRÈSE VON LISIEUX:
Spuren der Liebe Gottes

»Ein feuriger Pfeil durchbohrte mein Herz und die Liebe
Gottes brannte sich tief in mir ein.«

ALS IN DER FERNE *das helle Blau des Ärmelkanals dem*
Falken den Weg weist, findet er kurz darauf, wonach er gesucht
hat. Versteckt hinter Bäumen und blühenden Fliederbüschen hat
er eine Ordensfrau entdeckt. Sie sitzt vor einer Statue aus Sand-
stein. Ganz in der Nähe sieht der Falke einige Bäume stehen.
Auf den größten fliegt er zu, legt leise die Flügel an und lässt sich
schließlich sanft auf einem breiten Ast nieder.

Ich sitze gerade in der wärmenden Maisonne im hinteren
Teil des Klostergartens vor der Marienstatue. Ich habe Stift
und Pergament in den Händen und soll ein Theaterstück
schreiben. Doch was tue ich? Ich sitze müßig in der Sonne
und schreibe auf, was ich denke.

Ich komme sehr gerne an diese Stelle, besonders im

Frühling und im Sommer, denn dann ist der Sandstein, aus dem die Statue gearbeitet worden ist, von der Sonne herrlich erwärmt. Wenn ich davorsitze, kann ich die abstrahlende Wärme am ganzen Körper spüren. Dann merke ich von oben bis unten, was Wärme für mich bedeutet und wie schmerzlich ich sie im Winter vermisse. Wenn ich nach der Messe in der kalten Kirche einen kurzen Augenblick im Gemeinschaftsraum verweile, um mich aufzuwärmen, ist das immer wie eine kurze Sommerzeit. Aber ach, wie trifft mich der Schlag, wenn ich durch den zugigen Kreuzgang zu meiner Zelle zurücklaufe und mich dann auf den eiskalten Strohsack lege. Manche Nächte liege ich dort, zitternd vor Kälte und kann nicht schlafen. Als Zudecke habe ich nur eine dünne und zerschlissene Wolldecke, die kaum Wärme spendet.

Mittlerweile glaube ich nicht mehr, dass es Gottes Wille ist, dass wir unter der Kälte leiden. Vielmehr glaube ich, dass es unsere eigene Dummheit ist, zu frieren, obwohl wir uns doch durch ein munteres Feuer wärmen könnten. Die Kälte gibt vielen Krankheiten einen Nährboden und das kann nicht Gottes Wille sein. Möchte er nicht starke Töchter an seiner Seite wissen? Aber davon muss ich Pauline, meiner Schwester und unserer Oberin, gar nicht erst erzählen, denn ich weiß, wie sie dazu steht. Dabei zittert sie, so wie wir alle, im Winter bei der Messe.

Vor langer Zeit schon habe ich beschlossen, dass Gott mit mir machen kann, was er möchte, dass ich mich ganz in seinen Dienst stelle. Das beinhaltet für mich auch eine gewisse Leidensfähigkeit. Denn in meinem körperlichen Schmerz bin ich Gott so nah, wie sonst nie. Aber die Kälte und das jämmerliche Frieren zählt für mich schon lange nicht mehr zu dem Leiden, das mich mit Gott verbindet. Das klingt verrückt, aber so fühle ich es nun mal.

Aber hier draußen in der Sonne lässt sich das Nonnendasein gut aushalten. Und ich sehe gerade, dass auch ein Falke die Sonne zu genießen scheint. Er kam so leise angeflogen, dass ich ihn erst gar nicht bemerkte. Es scheint fast so, als würde er der Mutter Gottes huldigen wollen. Nun, mein Freund, du störst mich nicht, du schöner Vogel. Verweile einen Moment bei mir.

Die Sonne scheint heute von einem fast wolkenlosen Himmel herunter. Es ist schon fast heiß. Ich kann es nicht lassen, immer wieder muss ich meine Hände auf den warmen Sandstein der Statue legen. Es fühlt sich an, als würde das Leben in ihr pulsieren, als würde es unter meinen Händen pulsieren. Ein herrliches Gefühl. Das erinnert mich daran, wie ein Priester bei meiner ersten Beichte vor vielen Jahren zu mir gesagt hat, dass ich die Mutter Gottes besonders verehren soll. Seitdem bin ich ihr voller Liebe zugetan. Ich liebe sie, wie ich meine eigene Mutter geliebt habe, so wie ich auch meine Schwester Pauline geliebt habe, als sie mir nach dem frühen Tode unserer Mutter zu einer zweiten Mutter geworden war. Gott ist so großherzig, denn jetzt ist sie sogar meine Oberin, hier im Karmel. Und drei weitere meiner Schwestern sind in das Karmel eingetreten. Celine ist erst vor Kurzem zu uns gekommen, denn obwohl sie schon lange in das Ordensleben eintreten wollte, hatte sie die letzten Jahre unseren Papa gepflegt. Was hat sie doch für ein großes Herz. Nach dem Tode unseres geliebten Vaters war sie frei und konnte zu uns kommen. Auch wenn ich über Papas Tod sehr betrübt war, hat es mein Herz sehr erfreut, dass nun meine liebe Celine bei uns leben darf.

Aber auch meine Schwester Léonie hat in letzter Zeit im Glauben große Fortschritte gemacht und sie hat bereits mehrfach den Wunsch geäußert, in einen Orden eintreten zu wollen. Dabei hat sich doch nie jemand etwas von ihr versprochen, bei allen galt sie nur als widerspenstig und aufmüpfig. Ich habe sie immer sehr gemocht. Ich hoffe so sehr, dass ihre schwache Gesundheit sich verbessert und sie die Kraft findet, das strenge Leben als Ordensfrau durchzustehen.

Meine Schwestern sind mir wichtig, ich denke oft an sie, heute jedoch muss ich meine Gedanken auf etwas anderes richten. Es ist so herrlich, hier in der Sonne sitzen zu dürfen, dabei darf ich meine Aufgabe nicht vergessen. Pauline hat mich für einige Tage von meinen Pflichten befreit, denn ich soll ja ein Theaterstück für das Kloster schreiben. Nun, Muse komm und küsse mich. Auch wenn mir bisher nicht viel eingefallen ist, so bin ich mir sicher, mit Gottes Hilfe wird bis zum Abend ein erster Teil entstanden sein. Der Flieder blüht und schickt seinen betörend schweren Duft zu mir herüber.

Dieser Teil des Gartens liegt abseits und er scheint vergessen von der gar zu strengen Pflege durch Lysette. Hier darf die Natur noch sein, wie sie möchte, darf sich entfalten und zu ihrer ureigensten Schönheit zurückkehren. Hier pflegt Gott die Blumen, Bäume und Sträucher mit seiner göttlichen Liebe.

Der Garten erinnert mich daran, wie Papa mit mir in meinen Kindertagen jeden Nachmittag einen Spaziergang gemacht hat. Oft waren wir an dem kleinen Flüsschen Touques unterwegs, denn dort war die Natur wild und sich selbst überlassen.

Statt in Erinnerungen zu schwelgen, sollte ich lieber an das Theaterstück denken. Aber es fällt mir heute so schwer. Am liebsten würde ich den ganzen Tag hier müßig in der Sonne sitzen, meinen Gedanken nachhängen und manche davon aufschreiben. Auch meinem Freund, dem Falken, scheint es so zu gehen, er macht keine Anstalten, seinen mühsamen Flug fortzusetzen. Er wirkt neugierig, wie Madeleine, eine unserer neuen Novizinnen.

Ach, die Novizinnen. Ich bin normalerweise für ihre Betreuung zuständig. Manchmal fordert mich diese Arbeit sehr, denn es fällt mir nicht leicht, die jungen Mädchen zu führen und ihnen Anweisungen zu geben, denn ich bin doch selbst noch so jung. Aber ich wachse jeden Tag mit meinen Aufgaben. Ach, wenn Mutter uns Schwestern sehen könnte, ich glaube, sie würde sich für uns freuen. Schließlich wollte sie ja selber als junges Mädchen in ein Kloster eintreten und sogar Vater wollte sein Leben als Mönch verbringen. Es ist schon erstaunlich, dass Gott allerlei Wendungen für unser menschliches Leben bereithält. Meine Eltern haben geheiratet und ich kann es nicht anders sagen; wir waren eine überaus glückliche Familie. Auch wenn Maman früh gestorben ist, hat sie mich bis obenhin mit Liebe angefüllt, so wie sie ein Gefäß mit Wasser aufgefüllt hätte. Meine liebe Mutter ist mir noch immer so gut in Erinnerung. Ich vermisse sie sehr.

Nach ihrem Tod war Papa für uns Schwestern Vater und Mutter zugleich. Oh, das werde ich ihm nie vergessen! Nun aber lebe ich im Kreise meiner Mitschwestern und meiner leiblichen Schwestern.

Eine Wolke schiebt sich vor die Sonne und der Schatten fällt auf die Statue vor mir. Das lässt mich noch an etwas anderes denken, an etwas, das ich am liebsten aus meinen Erinnerungen reißen würde. Aber man muss wohl die Nacht kennen, damit man den Tag zu schätzen weiß.

Was waren das für Zeiten, als in aller Regelmäßigkeit die dunkelste Nacht sich über meine arme Seele gelegt hat. Wie oft habe ich nachts in meiner Zelle gelegen, unfähig zu schlafen und vor Einsamkeit und Leere zitternd, im Winter auch zusätzlich vor Kälte. Voller Sehnsucht war ich in meinem Inneren auf der Suche nach Gott. Aber wie oft ist der Morgen angebrochen, ohne dass ich Gott gefunden habe. Ich glaube, mich kann nur verstehen, wer ähnliches durchgemacht hat. Dabei wollte ich doch seit meiner frühesten Jugend nichts anderes tun als heilig zu leben, ja eine Heilige zu werden. Aber der Weg dahin war lange Zeit sehr schwer. Die Demütigungen der früheren Oberin habe ich sehr gerne ausgehalten, sie konnten mir und meinem Gemüt nichts antun, denn ich bin gewiss, dass ich alles, was ich erleide, für unseren Herrn erleide. Das ertrage ich sehr gerne! Nur Gott nicht in mir zu spüren, das hat mich fast zerstört. An manchen Tagen ist die Dunkelheit gar zu erdrückend gewesen, trotzdem konnte ich mit keiner Menschenseele darüber sprechen oder mich mitteilen. Alles habe ich stets mit mir selber ausgemacht und so mache ich es noch immer. Ich möchte einfach meine Mitmenschen nicht mit meinen Ängsten belasten. Auch wäre für mich der Schmerz zu groß, wenn sie mich nicht verstehen würden.

Dann habe ich schließlich doch noch meine Erlösung gefunden. Es war während der Messe zum Dreifaltigkeitsfest. Meine Gedanken schweiften ab. In der Nacht zuvor hatte ich wieder sehr unter dem schrecklichen Gefühl der Abwesenheit Gottes gelitten. Ich hatte mich so unglaublich einsam und allein gefühlt. Alle um mich herum glauben vor allem an ein strenges Gottesbild, an den rachsüchtigen Gott. Aber wo bleibt da die Liebe? Das hatte mich die ganze Nacht zuvor umgetrieben. Müde stand ich während der Messe neben den anderen und fühlte mich innerlich gar nicht anwesend. Dann geschah es ganz plötzlich und für mich völlig unerwartet. Es war, als durchbohrte ein feuriger Pfeil mein Herz und die Liebe Gottes würde sich tief in mir einbrennen. Ich konnte kaum Luft holen, so stark, so real war diese Empfindung. Es war die barmherzige Liebe, die mir Gott in diesem Augenblick gezeigt hat. Er war so gegenwärtig, so umwerfend, dass es mich fast niedergeworfen hätte. Nur mit Mühe konnte ich mich auf den Beinen halten. Immer und immer wieder spürte ich, wie ich von diesem Pfeil der Liebe durchstochen wurde.

Es schien, dass Gott mich ganz mit seiner Liebe anfüllen wollte. Tränen traten mir in die Augen und ich weinte wie ich noch nie zuvor geweint hatte. Ich weiß noch, wie ich durch meinen Tränenschleier Celine sah, die sich besorgt nach mir umdrehte. Aber mir ging es ja gut, so gut wie schon lange nicht mehr. Endlich spürte ich, wonach ich mich die ganze Zeit gesehnt hatte. Mein ganzer Körper und auch mein Geist standen in den Flammen einer brennenden göttlichen Liebe. Gott liebte mich, das war nun gewiss. Alles, was ich tun musste, war, mich ihm ganz darzubieten, mich ganz leerzumachen, damit er mich mit seiner barmherzigen Liebe anfüllen konnte. Ich musste mich vor ihm niederwerfen, wie ein Kind sich ohne Angst in die Arme des Vaters wirft. Ich musste einfach nur zu einem Kind Gottes werden.

Es war eine Befreiung und mein Innerstes erstrahlte vor Glück. Ich wusste, dass dies die Wende in meinem Leben war, von da an würde alles viel leichter für mich werden. Und so war es auch. Ich verstand zudem, dass es die kleinen Dinge des Lebens sind, die wir mit Liebe im Herzen in Gottes Namen begehen, auf die es ankommt. Diese kleinen Handlungen, die wir voller Hingabe und Liebe zu ihm vollziehen, wird er lächelnd ansehen.

Seitdem nenne ich meinen Weg zu Gott den *kleinen Weg, den Weg der Einfachheit, der Liebe,* denn jeder kann ihn gehen. Dafür muss man nicht lesen und schreiben können, dafür muss man nicht studiert haben. Jeder Mensch kann den *kleinen Weg der Einfachheit* gehen. Es kommt nur darauf an, dass er die täglichen Dienstpflichten in seinem Leben in Liebe zu Gott verrichtet.

Seit dieser Erkenntnis geht es mir gut und ich bin von tiefstem Glück erfüllt. Ich kann auf diesem kleinen Weg Heiligkeit erlangen. Das erfüllt mein Herz mit großer Freude. Auch jetzt, da ich wieder daran denke, fließen mir die Tränen die Wangen hinunter und ich danke Gott für mein schönes Leben und für die Gnade, meinen ganz persönlichen Weg zu ihm gefunden zu haben. Pauline hat mir den Auftrag gegeben zu schreiben, und den erfülle ich auch. In der letzten Zeit ist mir noch etwas anderes klar geworden: Ich weiß nicht, wie lange meine Zeit hier auf der Erde währt, aber wenn ich sterbe, beginnt mein neues Leben. Ich werde in meinem Himmel Gutes tun und für die Menschen Rosen regnen lassen. Solche Rosen wie sie hinten an der alten Klostermauer wachsen. Lieblich und duftend ranken sie dort an der Mauer hoch, auf dem Weg zum Licht.

Das Leben ist so schön. Vielleicht werde ich erst morgen beginnen, die ersten Worte für mein Theaterstück aufzuschreiben. Die Zeit ist wie im Fluge vergangen und beim stummen Sinnieren ist die Abenddämmerung hereingebrochen. Der Wind trägt die Kühle der kommenden Nacht in den Garten und ich bekomme eine Gänsehaut. Rauschender Flügelschlag lässt mich nach oben schauen, der Falke hat sich von dem Ast erhoben und fliegt davon. Einen Moment schaue ich ihm hinterher, er war ein ruhiger Zeitgenosse. Die Abendsonne steht tief am Himmel und wirft lange Schatten in den Garten, auf mich und die Mutter Gottes. Ich lasse Feder und Pergament sinken. Noch eine kleine Weile möchte ich bei ihr verweilen und ein kleines Gebet sprechen.

DER FALKE *nimmt den Gedanken an Gottes Liebe mit sich. Noch einmal schaut er zu der Ordensfrau hinunter, die nun vor der Sandsteinstatue kniet und betet. Dann überquert er das Städtchen Lisieux und macht sich auf den Weg zu seinem neuen Ziel.*

STECKBRIEF: THÉRÈSE VON LISIEUX

1873	Geburt in Alençon, Frankreich
1877	Tod der Mutter
1888	Pilgerfahrt nach Rom, Bitte an Papst Leo XIII. schon jetzt in den Karmel eintreten zu dürfen
	Eintritt in den Karmel in Lisieux, als Ordensnamen wählt sie: Therese vom Kinde Jesus und vom Heiligen Antlitz
1895	Erlebnis der barmherzigen Liebe Gottes bei der Heiligen Messe zum Dreifaltigkeitsfest
1897	Tod in Lisieux
1899	Veröffentlichung ihrer Autobiografie, die sie auf Anordnung ihrer Priorin aufschreiben musste
1925	Heiligsprechung durch Papst Pius XI.
1929	Mutter Teresa wählt ihren Ordensnamen nach der heiligen Thérèse von Lisieux
1997	Ernennung zur Kirchenlehrerin zusammen mit Katharina von Siena und Teresa von Ávila durch Papst Johannes Paul II.
2015	Heiligsprechung ihrer Eltern durch Papst Franziskus; jährlich pilgern rund zwei Millionen Menschen zu der Basilika in Lisieux, die der heiligen Thérèse geweiht ist – Ihr Leben wird mehrfach verfilmt
	Zur Unterscheidung von Teresa von Àvila wird diese als die »Große Teresa« und Thérèse von Lisieux als die »Kleine Theresa« bezeichnet

WISSENSWERTES Thérèse von Lisieux ist in einer liebevollen und sehr gläubigen katholischen Familie aufgewachsen. Als ihre große Schwester in den Karmel ging, wollte sie ihr sogleich nachfolgen. Während einer Pilgerfahrt nach Rom bat sie in einer Audienz Papst Leo XIII. um seine persönliche Erlaubnis, trotz ihres jugendlichen Alters in den Karmel eintreten zu dürfen. Letztlich durfte sie im Alter von 15 Jahren in den Karmel eintreten, wo bereits drei ihrer Schwester lebten. Ihre Schwester Pauline war ihre Oberin. Von ihr erhielt sie den Auftrag, ihre Autobiografie zu schreiben. Zusätzlich schrieb sie auch noch mehrere Theaterstücke, die im Kloster aufgeführt wurden. Thérèse hatte sich von Anfang an darum bemüht, heilig zu leben und eine Heilige zu werden. Trotzdem hatte sie mit Depressionen und Gefühlen der absoluten Einsamkeit zu kämpfen. Erst als sie 22 Jahre alt war, änderte sich dies. Nach einem ergreifenden, inneren Erlebnis gab sie sich ganz der barmherzigen Liebe Gottes hin. Sie war ein Kind Gottes, das den sogenannten »kleinen Weg der Einfachheit und der Liebe« ging. Kurz darauf erkrankte sie unheilbar an Tuberkulose und starb mit 24 Jahren unter großen Schmerzen. Zuvor hatte sie noch bekundet, dass sie in ihrem Himmel Gutes tun und für die Menschen Rosen regnen lassen würde. Sie hatte eine dynamische und vitale Auffassung von der ewigen Bestimmung des Menschen. Ihr Buch »Die Geschichte einer Seele« fasziniert die Menschen bis heute.

ÜBRIGENS: 1883 brach der Vulkan Krakatau aus, in dessen Folge es zu 40 Meter hohen Tsunamis an den umliegenden Küsten kam.

EDITH STEIN:
Letzte Worte an die Schwestern

»So viel Grauenvolles habe ich gesehen und
noch mehr davon gehört.«

DER FALKE *sitzt auf einem Baum. Er sieht die schöne Land-*
schaft unter sich liegen. Ein Torbogen ist zu sehen, darauf steht
»Arbeit macht frei«. Rauch steigt aus mehreren Schornsteinen
und Gruben, es liegt ein beißender Geruch in der Luft. Täglich
fahren Züge ein, denen ungeheure Menschenmassen entsteigen.

Im Zug nach Westerbork, 04. August 1942
Brief an die Oberin im Karmel in Echt

Liebe Mutter, liebe Mitschwestern,
ich weiß nicht, wo uns die Reise hinbringt. Aber es gibt
wenig Hoffnung. Man hört die schlimmsten Geschichten
hier im Zug. Von Massenermordungen ist die Rede, doch
manche reden auch dagegen. Ich weiß nicht, was ich glau-

ben soll. In der Enge und Hitze des Zuges ergeht es vielen Menschen schlecht. Die Luft ist genauso knapp wie das Wasser und die Nahrung. Die Enge raubt einem jede Individualität. Doch mir macht es nicht so viel aus wie Rosa. Ich bin unter Menschen, hier kann ich helfen und trösten.

Die Unmenschlichkeit der ganzen Situation kommt in der Enge des Waggons deutlich zum Vorschein. Als Toilette haben wir nur einen Eimer; einen Eimer für einen ganzen Waggon voll Menschen. So muss sich das Schlachtvieh auf seinem Weg ins Schlachthaus fühlen. Eingepfercht, voller Angst und ohne Hoffnung.

Ich muss in diesen Stunden des Öfteren an meinen Brief an seine Heiligkeit Papst Pius XI. denken. Wie ihr sicherlich wisst, habe ich in einem Brief an ihn schon 1933 die Missstände der deutschen Regierung unter Hitler dargestellt und Schlimmes prophezeit. Ich frage mich immer wieder, warum er mir daraufhin nicht geantwortet hat, wieso er nur seinen Segen für mich und meine Familie geschickt hat. Ich bin mir sicher, er hatte seine Gründe. Doch worauf waren sie aufgebaut? Es ist alles so gekommen, wie ich es vorhergesehen habe. Nicht nur die Juden leiden unter der Verfolgung durch die Nationalsozialisten, auch Andersdenkende und gläubige Katholiken. Alle, die sich offen gegen das System stellen, verschwinden von der Bildfläche.

Wieso gab es vom Stuhle Petri keinen Aufschrei mit klaren Worten, warum keine echte Stellungnahme? Durch das Schweigen zu den schrecklichen Taten des Führers und seiner Leute ist es zu einem wahren Schaden im Ansehen der Kirche gekommen. Wie ihr wisst, hat Papst Pius XI. nichts Sichtbares getan, um den Juden zu helfen. Aber jetzt gerade, da ich diese Zeile schreibe, kommen mir auch andere Gedanken in den Sinn. Vielleicht war mein Brief damals nicht ganz so nutzlos wie ich immer dachte. 1937 hat er die Enzyklika »Mit brennender Sorge« veröffentlicht, in deutscher Sprache, sodass alle sie verstehen konnten. Er hat sogar verfügt, dass diese am Palmsonntag von sämtlichen Kirchenkanzeln in Deutschland verlesen wurde. Ob meine Intervention Teil des Anstoßes dafür war? Und wenn schon, es war aus meiner Sicht nicht ausreichend, es hätte mehr passieren müssen. Dabei galt er als entschlossener Gegner des Faschismus und des Antisemitismus.

Sicher, er hat mit Mussolini die römische Frage geklärt, die Lateranverträge geschlossen und so der Vatikanstadt ihre Unabhängigkeit und Souveränität wiedergegeben. Mit Hitler hat er das Reichskonkordat zum Schutze der katholischen Kirche vor Gleichschaltung abgeschlossen. Aber zu welchem Preis? So erschienen diese beiden Diktatoren doch der Welt als seriöse Vertragspartner. Wie mir aber zu Ohren gekommen ist, soll er eine weitere Enzyklika speziell gegen Rassismus und Antisemitismus entworfen haben. Wo aber ist sie? Wieso wurde sie nicht veröffentlicht?

Das Einzige, was er noch kundgetan hat, ist, dass der Antisemitismus eine »abstoßende« Bewegung sei. Liebe Mutter, der Antisemitismus ist mehr als eine abstoßende Bewegung, er ist Böse. Er führt zu dem, was ich gerade hier erlebe. Ihr wisst, ich bin durch meine Taufe eine Christin geworden, trotzdem fühle ich in meinem Herzen so viel Mitleid mit meinem Volk. Von ihnen stamme ich ab, dort begann mein Lebensweg.

Nun sitzt Papst Pius XII. auf dem Heiligen Stuhl. Bisher hat er sich zum Thema der Judenverfolgung sehr zurück gehalten. Er hat zwar gegen die Drangsalierungen und Verfolgungen protestiert, aber da hätte er doch mehr machen müssen. Manchmal frage ich mich, ob es so nicht besser ist. Ich glaube, dass er sich im Hintergrund hält, um das NS-Regime nicht zu sehr zu reizen. Darf man ihn Feigling nennen? Meiner Meinung nach versucht er die Waage zu halten zwischen Protest und Schweigen. Vielleicht glaubt er, ein stärkerer Protest würde den Juden nicht helfen, sondern ihre Situation eher noch verschlechtern. Vielleicht würde Hitler sogar so weit gehen und den Papst ermorden lassen. Hat er davor Angst?

Es kann sein, dass der Papst meint, besser aus dem Untergrund agieren und der jüdischen Bevölkerung unter der Hand helfen zu können. Als letzte offene Möglichkeit hat er noch die Klausur der Klöster und Konvente aufzuheben und damit eine Art Kirchenasyl für Juden in Rom zu schaffen. Aber ach, es ist so wenig, was geschieht.

Hier reden die Menschen nicht viel, sie sind zu erschöpft, zu hungrig, zu entsetzt, um sich zu unterhalten. Aber hier und da bekommt man etwas mit. Ein grauenvolles Schicksal, ein Deportieren ohne Ende. Es scheint mir, dass ein ganzes Volk ausgerottet werden soll.

Was soll aus Rosa werden? Was aus mir? Auch uns hilft alles nichts mehr. Gleichgültig ist, ob der Karmel in der Schweiz seine Zusage für unsere Übersiedelung gibt. Wir sind auf dem Weg zum Ende, unsere Spur wird sich im Nirgendwo verlieren. Ich glaube nicht mehr recht an eine Rettung.

Manche sagen, wir kommen in ein Arbeitslager; das

wäre keine Rettung, aber ein Aufschub. Aber für wie lange? Meine liebe Mutter, meine lieben Mitschwestern, bitte passt gut auf meine Manuskripte auf. Ich komme wohl nicht wieder.

Mit Liebe im Herzen
Edith

Zwischenlager Westerbork, Holland, 05. August 1942
Brief an die Schwester Else in Kolumbien

Liebe Else,
ich bin nun mit Rosa im Lager Westerbork. Es fehlt an allem Warmen, innerlich, wie äußerlich. Ich bin sicher, das, was ich dir hier schreibe, wird von anderen gelesen werden. Deshalb sei versichert, mir geht es gut. Wichtig ist, dass etwas von einem übrig bleibt und sind es auch nur geschriebene Worte.

Es fehlt zwar an vielem, aber Rosa und ich lernen immer besser, mit wenig auszukommen. Du kannst mir glauben, das sind ganz neue Erfahrungen, die wir hier sammeln. Es ist erstaunlich, wie man doch am Leben hängt und immer hofft, dass es weitergeht, dass die Reise weitergeht. Dieses Lager hier kann nicht der Endpunkt sein. Es ist gut, dass Rosa bei mir ist. Trotz allem versuche ich, den Menschen Trost zu spenden und für sie zu beten.

Liebe Schwester, vielleicht ist dies der letzte Brief an dich. Ich hoffe sehr, dass dich diese Zeilen bei bester Gesundheit erreichen. Gerne hätte ich dich dort einmal besucht und geschaut, wie es sich in Kolumbien leben lässt. Allein der Name verspricht viele neue Erfahrungen.

In den letzten Tagen zieht innerlich mein Leben an mir vorbei. Viele Erinnerungen kommen hoch und ich muss an so vieles denken. Es war eine schöne Zeit mit dir und deiner Familie in Hamburg. Ach, wie war ich jung. Erst 15 Jahre und so weit weg von Zuhause. In dieser Zeit bei dir bin ich erwachsen geworden. Vielleicht nicht an Lebensalter, aber an Erfahrungen. Danke dir liebe Schwester, für diese besondere Zeit.

Sehr gerne würde ich auch unserer lieben Mutter ein paar Worte schreiben, aber das geht ja leider nicht mehr. Ich hoffe sehr, dass sie zum Schluss ihren Frieden mit meiner Entscheidung gemacht hat, dass ich mich taufen ließ und in den Karmel gegangen bin. Glaube mir, es war für mich die richtige Entscheidung. Dort habe ich endlich meine Berufung gefunden, mein innerliches Seelenheil, nach dem ich mich so lange erfolglos gesehnt hatte. Wer weiß, wie mein Leben verlaufen wäre, wenn Edmund Husserl, mich mehr unterstützt hätte, wenn ich in seinen Augen mehr für ihn gewesen wäre als seine Schreibkraft, nämlich eine gleichgestellte Mitarbeiterin. Erinnerst du dich, dass er mir 1919 ein Empfehlungsschreiben ausgestellt hat, in dem stand, dass er mich gut für die Zulassung zur Habilitation empfehlen könnte, natürlich nur unter der Voraussetzung, dass die akademische Laufbahn für Frauen eröffnet werden würde?

Das hat mir zum ersten Mal die Augen geöffnet. Liebe Else, wir Frauen haben es in wissenschaftlichen Berufen doppelt schwer. Wir müssen uns nicht nur mit den Kollegen messen, sondern zusätzlich zuerst einmal unter Beweis stellen, dass wir überhaupt etwas von der Materie verstehen. Und das in aller Regelmäßigkeit. Ich habe das Gefühl, dass unsere Doktorväter sogar mehr von uns erwarten als von unseren männlichen Kollegen. Irgendwann muss sich dieser Zustand doch einmal ändern. Wann wird endlich eine Frau einen Lehrstuhl innehaben? Aber diese Gedanken führen zu nichts. Für mich bedeuten sie nun nichts mehr.

Liebe Schwester, bitte grüß die Familie von mir.

Mit Liebe im Herzen

Edith

Zwischenlager Westerbork, Holland, 05. August 1942
Brief an die Schwester Erna in den USA

Liebe Erna,

weißt du noch, wie wir früher als Kinder im heimischen Holzlager herumgetollt sind? In diesem Moment, da ich dir diese Zeilen schreibe, steigt mir der Geruch nach frischem Holz in die Nase. Erinnerungen sind was Feines. Ach, was würde ich jetzt für einen starken Kaffee geben, wie wir ihn immer im Typhuslazarett tranken. Weißt du noch, als ich 1915 als Rotkreuzhelferin tätig war?

Den Kriegsverletzten ging es so schlecht. Viele hatten erfrorene Füße. Manchmal habe ich zwölf Stunden am Stück am Instrumententisch gestanden. Das wiederum war nur zu ertragen durch den starken Kaffee, den wir dort hatten.

Den 1. Weltkrieg haben wir überstanden und nun tobt der 2. Weltkrieg. Wo soll das alles nur hinführen? Ich versuche für die anderen hier eine Stütze zu sein, aber es fällt mir nicht immer leicht. Wo liegt der Sinn in all dem Leid, das ich hier täglich vor Augen habe? Familien werden getrennt, kleine Kinder weinen still in der Ecke, manche auch laut. Die Mütter sitzen daneben, unfähig etwas zu tun oder zu helfen. Sie sind aus ihrem Umfeld, ihrem Zuhause, ihrem Leben herausgerissen und fürchten nun alle das eine: den Tod. Ihr Grauen ist groß. Es gibt kein ausreichendes Essen, an Schlaf ist nicht zu denken.

Liebe Erna, ich glaube nicht, dass wir uns in diesem Leben noch einmal wiedersehen. Wenn du etwas von der Familie hörst, dann grüße sie bitte alle ganz lieb von mir. Ich bin in Gedanken bei euch. Noch ein paar Zeilen über Rosa. Ihr geht es nicht so gut. Sie friert nachts sehr, nicht einmal eine Zahnbürste konnten wir für sie einpacken. Es ging alles so schnell, als uns die Gestapo im Karmel abgeholt hat. Wieviel lieber wäre es mir, wenn Rosa verschont geblieben wäre.

Mit Liebe im Herzen
Edith

Im Zug nach Ausschwitz 09. August 1942
Brief an die Schwester Erna in den USA

Liebe Erna,
dies ist vielleicht doch nicht der letzte Brief an Dich. Man sagte uns, dass wir uns nach der Ankunft waschen dürfen. Wir würden sogar ein Stück Seife dafür bekommen. Nach sieben langen Tagen in Enge und Dreck das erste Mal wieder etwas Hygiene. Wie ich das vermisst habe. Ein Stück Seife ist ein Stück Normalität, ein Stück Würde. Davon hatte ich in der letzten Zeit so wenig.

So viel Grauenvolles habe ich gesehen und noch mehr

davon gehört. Ich weiß nicht, wie Menschen anderen Menschen so etwas Unmenschliches antun können. Wenn man ihnen ihre Religion oder das Aussehen wie einen Mantel abziehen könnte, wäre darunter doch jeder Mensch gleich. Ich bete für die Seelen der Opfer, aber auch für die Seelen der Täter. Und Täter sind auch die Menschen, die zu all dem schweigen. Es ist fast nachvollziehbar, dass in diesen Zeiten jeder Mensch sich selbst der Nächste ist. Empathie und die Liebe sind da, aber auch Angst, sie zu zeigen. Ich trauere um meine Heimat, um ein ganzes Volk. Ich bete für meine Familie, dass wir gesund und heil an Seele und Körper aus dem Wahnsinn des Judenhasses und der Verblendung herauskommen. Dass Deutschland wieder ein Land der Demokratie und des Wohlstandes wird, daran möchte ich glauben. War denn der erste Weltkrieg nicht genug? Haben wir denn nicht verstanden, wohin das führt? Und nun geht es sogar gegen ein ganzes Volk. Es ist wie immer, es geht Stück für Stück, fast unbemerkt voran und wenn es dann erstarkt und offensichtlich geworden ist, gibt es scheinbar kein Zurück mehr. Dabei hat der Mensch immer eine Wahl. Ich weiß nicht, wo wir hinkommen werden, unter welchen Umständen wir leben werden. Das Stück Seife verspricht Hoffnung. Ich bete für Rosa, mich und alle anderen Verfolgten.

Bitte denk an uns.

Mit Liebe im Herzen

Edith

DER FALKE *fliegt weiter. Schwer sind ihm Flügel und Sinn. Sein Herz ist voll von Trauer und Mitleid.*

STECKBRIEF: EDITH STEIN (TERESIA BENEDICTA A CRUCE)

1891	Geburt in Breslau (jüdisch-orthodox)
1911–1915	Studium: Germanistik, Philosophie, Geschichte und Psychologie in Breslau
1915	Staatsexamen als Lehrerin, Rotkreuzschwester im Seuchenlazarett in Mährisch-Weißkirchen
1916	Doktorexamen
1916–1918	Wissenschaftl. Assistentin von Edmund Husserl
1919	Ablehnung zur Habilitation in Göttingen
1922	Taufe in Bergzabern (Vorbild Teresa von Ávila)
1922–1932	Lehrerin am Mädchenlyzeum und am Lehrerinnenseminar der Dominikanerinnen in Speyer
1928–1931	Rednerin bei pädagogischen Studientagen und Kongressen im In- und Ausland
1930–1931	Habilitationsversuche in Breslau, Freiburg und Kiel scheitern erneut, weil sie eine Frau ist
1932	Dozentin am Deutschen Institut für wissenschaftliche Pädagogik in Münster
1933	Brief an Papst Pius XI., Eintritt in den Kölner Karmel
1938	Nach der Reichskristallnacht Übersiedelung in den niederländischen Karmel Echt
1942	2. August: Verhaftung und Deportation in das KZ Ausschwitz-Birkenau
	9. August: Rosa und Edith Stein werden direkt nach der Ankunft vergast
1987	Seligsprechung durch Papst Johannes-Paul II.
1998	Heiligsprechung durch Papst Johannes-Paul II.

WISSENSWERTES Edith Stein war jüdischer Abstammung. Nach ihrem Abitur studierte sie in Breslau Literatur, Geschichte, Psychologie und Philosophie. Kurz darauf ging sie nach Göttingen, um bei Edmund Husserl zu studieren. Er wurde zum prägenden philosophischen Lehrer für sie und betreute ihre Promotion. Später wurde sie seine persönliche Assistentin in Freiburg. Trotz mehrfacher Versuche und einer exzellenten Doktorarbeit wurde sie als Frau nicht zur Habilitation zugelassen. Als Frauen dies später ermöglicht wurde, wurde sie aufgrund ihrer jüdischen Wurzeln ausgeschlossen. Sie hielt Reden zu philosophischen Themen und wurde 1932 an das Institut für wissenschaftliche Pädagogik nach Münster berufen. Nach der Machtergreifung Hitlers durfte sie ihren Beruf nicht mehr ausüben. Im Frühjahr 1933 schrieb Edith Stein einen Brief an Papst Pius XI., in dem sie ihn eindringlich aufforderte, sich öffentlich für die Belange der Juden einzusetzen. Noch im selben Jahr trat sie in den Karmel in Köln ein. Nach der Reichspogromnacht 1938 siedelte sie mit ihrer Schwester Rosa in den Karmel im niederländischen Echt über. 1942 wurden sie von der Gestapo verhaftet und in das Konzentrationslager in Auschwitz deportiert. Sie wurden direkt nach der Ankunft am 09.08.1942 vergast.

ÜBRIGENS: Der Zweite Weltkrieg forderte mehr als 50 Millionen Opfer. Im Jahr 1942 veröffentlichte Albert Camus sein Buch »Der Fremde« und Anna Seghers ihr Buch »Das siebte Kreuz«. Die erste Lehrbefähigung in Deutschland erhielt Katharina Kanthack 1950 an der FU Berlin. Sie war Philosophin.

ELISABETH SCHMITZ:
Stiller Widerstand

»Sie hatte von Anfang an alle Juden im Blick und nicht
nur die getauften.«

DER FALKE *ist schon eine Weile unterwegs, als eine größere
Stadt in Sicht kommt. Langsam lässt er sich tiefer sinken und
hält Ausschau. Als er die alte Karlsbrücke, die sich wie ein Bollwerk über die Moldau spannt, überquert, weiß er, dass er auf
dem richtigen Weg ist. Mit kräftigen Flügelschlägen lässt er die
Prager Burg hinter sich in der Abendsonne liegen, die Hälfte des
Weges hat er nun geschafft.*

Telefongespräch zwischen Karin Meyer und Tobias Müller
über Elisabeth Schmitz, einer Frau, die Mitglied in der Bekennenden Kirche war, sich für die Rechte der Juden ein-
setzte, aber nie viel Aufhebens um sich gemacht hat.

Karin Meyer: Hallo, Herr Müller, schön, dass es heute mit dem Telefonieren klappt. Ich freue mich sehr, dass wir uns einmal persönlich unterhalten und nicht nur schriftlich austauschen können.

Tobias Müller: Die Freude liegt ganz auf meiner Seite. Schließlich forschen wir beide an der gleichen Sache. Gibt es etwas, das Sie besonders an Elisabeth Schmitz interessiert?

Karin Meyer: Ach, da gibt es so viel, dass ich gar nicht weiß, wo ich anfangen soll. Aber vorab möchte ich Sie fragen, ob es für Sie in Ordnung ist, wenn ich mir einige Stichpunkte notiere? Daraus möchte ich später einen kleinen Vortrag schreiben.

Tobias Müller: Ja, sicher. Das begrüße ich sehr, denn über Frau Schmitz finden sich zwar mittlerweile einige Informationen auch im Internet, aber insgesamt noch immer zu wenig. Es ist gut, wenn wir gemeinsam daran arbeiten, dass sie und ihre Arbeit nicht in Vergessenheit gerät.

Karin Meyer: Sie war eine ganz besondere Frau, die es verdient, dass sie von den Menschen nicht vergessen wird.

Tobias Müller: Das stimmt. Wissen Sie, was mich schon immer brennend interessiert hat, ist, wieso Frau Schmitz nach dem Krieg nicht klargestellt hat, dass sie die Verfasserin der Denkschrift »Zur Lage der deutschen Nichtarier« war und nicht Marga Meusel.

Karin Meyer: Ich muss zugeben, dass ich diesen Umstand auch nicht verstehe, aber ich glaube, dass sie es einfach nach dem Krieg nicht mehr wichtig fand.

Tobias Müller: Sie meinen, dass sie einfach nur nach vorne schauen und sich nicht mit den alten Themen belasten wollte?

Karin Meyer: Ja, so etwas in der Art. Aber trotzdem, irgendwie ist es merkwürdig. Sicher, so wie ich das sehe, war Frau Schmitz eine zurückhaltende Frau und hat sich nie in den Vordergrund gedrängt, aber so eine Denkschrift, war doch damals absolut besonders. Immerhin hat sie ihre Kirche aufgefordert, sich klar zu der sogenannten »Judenfrage« zu äußern, aufzustehen und nicht tatenlos bei der Diskriminierung, der Verfolgung und Tötung von Andersgläubigen zuzuschauen. Sie hat sehr klare Worte gewählt und ihre Kirche richtiggehend angeklagt. Nach dem Krieg wäre es doch durchaus normal gewesen, sich zu diesem Schreiben zu bekennen.

Tobias Müller: Vielleicht hat sie sich geschämt, weil sie eine Pension von einem Staat bezogen hat, der Juden verfolgte und grausam ermordete und hat sich deshalb nicht zu erkennen gegeben. Oder sie fand es schlichtweg nicht wichtig, wer etwas Gutes bzw. Richtiges tat und dafür namentlich genannt wurde. Vielleicht hat sie es aber auch gar nicht gewusst, dass jemand anderes als Verfasserin ihrer Denkschrift galt.

Karin Meyer: Also, ich für meinen Teil glaube nicht, dass sie es nicht gewusst hat. Sie war Zeit ihres Lebens sehr interessiert an Literatur, Geschichte und dem Zeitgeschehen. Das muss sie mitbekommen haben. Aber warum sie das nicht klargestellt hat, weiß ich natürlich nicht. Aber bezüglich ihrer frühzeitigen Pension muss ich noch anmerken, dass Frau Schmitz sich einfach nicht in der Lage sah, ihren Schülerinnen nationalsozialistisches Gedankengut zu vermitteln und deshalb ihre Pensionierung beantragte. Und für mich ist es ganz klar ein Unterschied, ob man Geld von einem totalitären Regime bezieht oder ob man Kinder im Sinne dieses Regimes erzieht.

Tobias Müller: Für mich ist es auch nicht in Ordnung, Geld von einem derartigem Terror-Regime zu beziehen.

Karin Meyer: Ich würde da mal die Kirche im Dorfe lassen, denn wovon hätte Frau Schmitz leben sollen? Nur durch ihre regelmäßigen Pensionsgelder konnte sie ihre Wohnung weiterhin bezahlen, dort Juden verstecken und auch verköstigen.

Handschriftliche Notiz: Ohne Geld ist man hilflos und nicht handlungsfähig

Tobias Müller: Wahrscheinlich haben Sie recht, das ist wirklich eine Zwickmühle. Sie hätte auch an keiner anderen Schule im Deutschen Reich unterrichten können, ohne mit ihrem Gewissen in Konflikt zu geraten. Ohne ihre Pension hätte sie auch ihr Ferienhaus nicht halten können

und soweit ich weiß, hat sie auch dort flüchtige und unter-
getauchte Juden erfolgreich versteckt. Das war schon eine
mutige Leistung.

Handschriftliche Notiz: Hilfe im Untergrund

Karin Meyer: Frau Schmitz hat noch viel mehr getan. Sie ist
den oberen Herren der Bekennenden Kirche damals ziem-
lich auf die Füße getreten, hat gemahnt, angeklagt und war
ganz offensichtlich unbequem. Sie hat sich damit deutlich
von der Mehrheit der Protestanten der damaligen Zeit ab-
gehoben. Leider haben all ihre Bemühungen nicht wirklich
gefruchtet.

*Handschriftliche Notiz: Warum hat ihre Denkschrift nichts
erreicht?*

Tobias Müller: Was mich immer noch wundert, ist, wie sie
es geschafft hat, dass sie bei ihrem Handeln und Tun nicht
von der Gestapo verhaftet wurde.

Karin Meyer: Nun, nach Quellenlage wurde sie ja durchaus
von den Nazis beobachtet und sie musste sich auch in einem Verhör verteidigen, weil sie eine Jüdin bei sich wohnen
ließ. Ich glaube, sie war den Nazis ganz sicher ein Dorn im
Auge, aber irgendwie hat sie es geschafft, relativ unbehel-
ligt ihr Leben leben zu können.

Tobias Müller: Vielleicht kannte sie auch Leute, die sie geschützt haben?

Handschriftliche Notiz: Überprüfen, ob sie Freunde in den obersten Etagen hatte, die sie schützten

Tobias Müller: Sie hat die Denkschrift 200 Mal kopiert. Das hätte sie Kopf und Kragen kosten können. Und schließlich hat sie ihre Denkschrift eigenhändig an ausgewählte Pfarrer und führende Theologen geschickt. Das war sehr risikoreich. Sie hätte ja nur unangekündigten Besuch von der Gestapo erhalten müssen und schon wäre sie aufgeflogen.

Karin Meyer: Für mich hat diese Frau noch eine zusätzliche Aussagekraft: Sie hat als Frau an der Basis klarer gesehen als die Kirchenleitung und sie trübt heute ganz massiv das Bild, das man sich gerne von der Bekennenden Kirche machen möchte.

Tobias Müller: Stimmt, sie hat ja nicht nur mit ihrer Denkschrift gemahnt und die Gräueltaten des NS-Regimes an den Juden beklagt, sondern auch in ihren zahlreichen Briefen um Einsicht und Hilfe für die Juden gebeten. Und was ich ganz außerordentlich finde: Sie hat akribisch die Folgen, die die Nürnberger Gesetze für die Juden hatten, aufgeschrieben.

Karin Meyer: Sie hatte wahrscheinlich auch einen guten Einblick in die Geschehnisse, da Freunde von ihr Juden waren und sie deren Verlust von Arbeit und Zuhause hautnah mitbekam. Also für mich steht Elisabeth Schmitz übrigens auch für den passiven Widerstand, denn als sie gemerkt hat, dass all ihre Mühen, die Menschen aufzurütteln, nichts bewirkt haben, hat sie im Untergrund geholfen. Und das ja mit Erfolg.

Tobias Müller: Nur ihre Denkschrift lässt mich nicht recht los. Manchmal frage ich mich, ob sie sich dazu später nicht mehr geäußert hat, weil sie sich schämte, dass sie überlebt hat.

Karin Meyer: Also ich weiß nicht, *schämen* ist wohl nicht ganz das richtige Wort. Muss man sich denn schämen, wenn man im Widerstand überlebt? Wieso sollte sie sich schämen? Sie, die so vielen Juden geholfen hat, sei es durch Unterschlupf, emotionale Unterstützung oder durch gesammelte Lebensmittelmarken. Wieso also sollte sie ein schlechtes Gewissen haben?

Handschriftliche Notiz: Muss man sich schämen, wenn man im Widerstand überlebt?

Tobias Müller: Na, ganz klar, weil sie nicht mehr gemacht hat, sich nicht mehr eingesetzt hat. Denken Sie hier nur an Dietrich Bonhoeffer, Maria Terwiel, Paul Schneider und natürlich auch an Sophie Scholl und ihre Mitstreiter.

Karin Meyer: Sie sind allesamt hingerichtet worden.

Tobias Müller: Eben! Das meine ich ja, diese Leute haben alles riskiert für den Widerstand. Auch ihr Leben.

Handschriftliche Notiz: Ist die Arbeit im Widerstand wertvoller, wenn man dabei sein Leben lässt? Warum sind vor allem die Menschen in Erinnerung geblieben, die ihr Leben im Widerstand gelassen haben? Weil sie ihr Leben gelassen haben?

Karin Meyer: Ich weiß wohl, was Sie meinen, aber Frau Schmitz hat im Untergrund auch ihr Leben riskiert. Wir haben vorhin schon darüber gesprochen, dass sie von der Gestapo beobachtet wurde. Nur weil sie nicht verhaftet und zum Tode verurteilt wurde, ist ihr Einsatz doch nicht weniger wert.

Tobias Müller: Vielleicht hat sie das aber so empfunden? Nun ja, aber sicherlich haben Sie recht, dass ‚schämen‘ nicht das richtige Wort ist.

Karin Meyer: So sehe ich das halt. Obwohl sie öffentlich die Gräueltaten an Juden verurteilte und sich an die Bekennende Kirche wandte, wurden leider ihre Mahnungen nicht gehört oder schlichtweg ignoriert, denn es gab auch innerhalb der Bekennenden Kirche antisemitische Stimmen. Und das war nicht ihre Schuld.

Tobias Müller: Wenn ich es recht bedenke, sind ja auch ihre vielen Briefe öffentliche Äußerungen gewesen. Wie leicht hätten diese in falsche Hände geraten können?

Karin Meyer: Eben, außerdem muss man sich die damalige angespannte Situation vor Augen halten, bevor man urteilt. Die Nürnberger Gesetze waren gerade erlassen worden und es gehörte schon viel Mut dazu, sich kritisch dazu zu äußern. Und wie wir eben feststellten, gab es durchaus judenfeindliche Gesinnungen in der Bekennenden Kirche. Anders ausgedrückt: Nicht bei jedem Mitglied der Bekennenden Kirche stand im Vordergrund, sich gegen die Rassegesetze aufzulehnen. Manchen war der Kampf gegen die drohende Gleichschaltung von Staat und Kirche am Wichtigsten. Es gab halt auch unter den Mitgliedern unterschiedliche Meinungen.

Tobias Müller: Unterschiedliche Meinungen, unterschiedlicher Einsatz … Für mich sind auch die vielen stillen Menschen wichtig, die in kleinen Taten ihre Solidarität mit den Juden zeigten. Viele hatten Familie und Kinder, da war es nicht so einfach, sich zu erheben und für ein Volk aufzustehen, wenn man dadurch Gefahr lief, mit dem Tode bestraft zu werden.

Handschriftliche Notiz: Auch kleine Taten können Großes bewirken!

Karin Meyer: Ich glaube, von diesen Menschen gab es einige. Da fällt mir noch etwas anderes ein. Elisabeth Schmitz und Dietrich Bonhoeffer haben zu demselben Kreis von Eliteschülern gehört, die an Seminaren von Adolf von Harnack, einem bekannten Theologen, teilnahmen.

Tobias Müller: Das ist mir neu. Sie meinen, die beiden haben sich gekannt?

Karin Meyer: Oh, ganz sicher haben sie das! Aber wahrscheinlich nicht sehr gut, denn Dietrich Bonhoeffer war dreizehn Jahre jünger als Elisabeth Schmitz. Sie verkehrten in denselben Kreisen und trugen sicher ganz ähnliche Gedanken mit sich herum.

Tobias Müller: Ja, das kann gut sein. Leider lässt es sich nicht mehr so genau überprüfen.

Karin Meyer: Eigentlich ist es auch egal. Was aber für mich nicht egal ist, ist, dass Elisabeth Schmitz sich von Anfang an nicht von den Nationalsozialisten und ihrer Propaganda hat einfangen lassen. Das macht sie so besonders.

Tobias Müller: Da kann ich Ihnen nur zustimmen, und ich möchte noch anmerken, dass sie sich bezüglich der Juden auf einer Ebene mit Dietrich Bonhoeffer befand. Auch Frau Schmitz hat von Anfang an die Judenfrage als zentralen Punkt gesehen, an dem die Kirche handeln muss, damit sie sich nicht schuldig macht.

Karin Meyer: Und genau das ist der Unterschied zwischen ihrer Denkschrift und der von Marga Meusel. Elisabeth Schmitz hatte von Anfang an alle Juden im Blick und nicht nur die getauften, wie Marga Meusel. Sie hatte einen unglaublichen Scharfsinn. Wenn man überlegt, wie klar und kritisch sie sich gegenüber dem NS-Regime und den vielen antijüdischen Gesetzen geäußert hat und wie genau sie voraussah, welche Folgen es nach der Machtergreifung der Nazis für die Juden haben würde, dann ist sie wirklich eine besondere Frau gewesen, aber das sagten wir ja schon.

Tobias Müller: Ich glaube, es haben nicht viele Menschen so klar gesehen wie sie.

Karin Meyer: Das sehe ich ein wenig kontroverser. Ich glaube, dass es schon einigen mehr bewusst war, es sie aber einfach nicht interessiert hat, weil sie nicht betroffen waren und nichts zu befürchten hatten. Oder sie, wie bereits gesagt, Angst hatten, ihre Meinung offen zu äußern. Was ich wirklich verstehen kann.

Tobias Müller: Wissen Sie, manchmal wünsche ich mir wirklich, wir könnten mit Frau Schmitz persönlich sprechen.

Karin Meyer: Das wäre wirklich phantastisch, dann würden wir Genaueres erfahren und könnten ihre Gedanken viel besser verstehen. So bleibt es doch eine Schifffahrt im Nebel, nur ungefähr kann man die Richtung erahnen, aber alles kann man nicht sehen, es offenbart sich nicht alles. Apropos Nebel: Heute war ich auf dem Friedhof in Hanau am Grab von Elisabeth Schmitz. Es war neblig und ich konnte ihre Grabstelle erst nicht finden. Als der Nebel sich aber ein wenig lichtete, schwebte ein großer Vogel, ich glaube, es war ein Falke, über meinen Kopf hinweg. Ich folgte seinem Flug mit meinen Augen und hatte das Grab plötzlich vor mir. Irgendwie verrückt. Als ich mich auf dem Rückweg noch einmal umdrehte, sah ich den Vogel auf dem Gedenkstein sitzen.

Tobias Müller: Ein Falke, das ist schön. Bei den Kelten galt er als Vermittler zwischen dem Diesseits und dem Jenseits. Außerdem sitzen diese Vögel gerne erhöht auf einem Ast oder etwas Ähnlichem, um Ausschau zu halten.

Karin Meyer: Das hört sich irgendwie romantisch, aber auch ein bisschen unheimlich an. Sicher war es nur ein Zufall, und ich bin mir ja noch nicht einmal sicher, ob es überhaupt ein Falke war.

Gekritzelte Skizze eines Vogels

Tobias Müller: Na, zumindest Ihr Nebel hat sich verzogen. Geschichtliches, Vergangenes liegt für uns oft im Nebel. Denken Sie nur an die Pyramiden von Gizeh, auch sie geben das Geheimnis ihrer Bauweise nicht endgültig preis, sondern sie lassen die Forscher in vielen Dingen ratlos dastehen.

Karin Meyer: Ein interessanter Vergleich. Also können wir eigentlich abschließend nur sagen, dass Frau Schmitz eine mutige Frau war, die aber mit ihrer Denkschrift nicht sehr viel in ihrer Kirche erreicht hat.

Tobias Müller: Trotzdem hat sie nicht tatenlos zugeschaut, sondern gehandelt, gemahnt und prophezeit. Eine großartige Frau!

Karin Meyer: Das sehe ich auch so, eine tolle Frau, die uns noch einige Rätsel aufgibt. Es war schön, mit Ihnen telefonieren zu können und ich würde mich sehr freuen, wenn wir das bald einmal wiederholen könnten.

Tobias Müller: Liebend gern. Schicken Sie mir ruhig ihren Vortrag zu, das interessiert mich sehr.

Karin Meyer: Das mache ich. Vielen Dank und auf Wiederhören.

Tobias Müller: Bis zum nächsten Mal.

DER FALKE *sitzt auf dem großen Gedenkstein am Ehrengrab von Elisabeth Schmitz. Er schüttelt sich leicht, neigt leicht den Kopf, bevor er zum Himmel hinaufschaut, dann senkt er sich tief und drückt sich kraftvoll ab. Über dem Geburtshaus von Elisabeth Schmitz dreht er nach Nordosten ab.*

STECKBRIEF: ELISABETH SCHMITZ

1893	Geburt in Hanau
1914	Studium der Fächer Geschichte, Deutsch und Theologie
1920	Promotion in Geschichte
1929	Studienrätin an der Luisenschule in Berlin
1934	Mitglied der Bekennenden Kirche, welche Nachfolgerin des Pfarrernotbundes ist
1935/36	Denkschrift »Zur Lage der deutschen Nichtarier«
1938	Quittierung des Schuldienstes nach der Reichspogromnacht
1939	Ehrenamtliche Arbeit für die Bekennende Kirche, Hilfe für untergetauchte Juden
1946	Rückkehr in den Schuldienst in Hanau
1977	Elisabeth Schmitz stirbt in Offenbach
2005	Ihr Grab in Hanau wird zum Ehrengrab der Stadt ernannt, es wird ein Gedenkstein gesetzt
2011	Anerkennung durch die Holocaust-Gedenkstätte Yad Vashem als Gerechte unter den Völkern
2013	Ehrung durch die Stadt Hanau durch das Anbringen einer Gedenktafel an ihrem Geburts- und Wohnhaus in Hanau

WISSENSWERTES Dass Elisabeth Schmitz die Verfasserin der Denkschrift »Zur Lage der deutschen Nichtarier« ist, kam erst 1999 ans Licht, als eine Freundin und ehemalige Schülerin von ihr die Denkschrift unter dem richtigen Verfassernamen veröffentlichte. In ihrer umfangreichen Korrespondenz hat sich Elisabeth Schmitz auch bei bekannten Theologen ihrer Zeit immer wieder vehement für die Belange der Juden eingesetzt. Sie hat angeklagt, gemahnt, gefleht und gebeten, doch leider umsonst. Auch ihre Denkschrift hatte keinen Erfolg und wurde auf den Synoden nicht besprochen, obwohl sie einigen Pfarrern vorgelegen haben muss. Die 1934 gegründete *Bekennende Kirche* verstand sich als Opposition zur Deutschen Evangelischen Kirche, die den Arierparagraphen auf Geheiß des NS-Regimes eingeführt hatte. Es kam mit der Zeit zum Kirchenkampf, denn die Pfarrer, die sich dem Pfarrernotbund und später der Bekennenden Kirche zugehörig fühlten, positionierten sich klar gegen die Haltung der »Deutschen Christen«, die schon früh nationalsozialistisches Gedankengut übernommen hatten. Doch auch in den Reihen der Bekennenden Kirche gab es antisemitische Stimmen und damit bildete sie keine einheitliche Opposition gegen das NS-Regime.

ÜBRIGENS: Dietrich Bonhoeffer wird auf direkten Befehl von Hitler am 09. April 1945 im KZ-Flossenburg nach einem Scheinverfahren hingerichtet. 1977, im Todesjahr von Elisabeth Schmitz, wird Emmanuel Macron geboren.

MARIA TERWIEL:
Vom richtigen Handeln

»Obwohl sie mir meine Freiheit genommen haben, können sie
mir mein Herz nicht nehmen.«

DER FALKE *überfliegt das Brandenburger Tor, nun sind es
nur noch wenige Flügelschläge bis in der Ferne ein großes rotes
Backsteingebäude auftaucht. Er legt die Flügel an und landet
auf dem Ast eines Baumes, der im weitläufigen Innenhof steht.
Von hier aus hat er einen guten Blick auf die vergitterten Fenster
der Arrestzellen.*

Maria Terwiel liegt zu einer Kugel zusammengerollt auf
ihrer harten Pritsche im Polizeigefängnis Alexanderplatz
in Berlin. Heftige Weinkrämpfe schütteln sie, während
ihre Freundin Krystyna neben ihr sitzt und ihr immer wieder über ihre Haare streichelt und murmelt: »Er hat es geschafft, er hat nun seinen Frieden gefunden.«

»Aber ich bin noch hier«, schluchzt Maria, »und obwohl sie mir meine Freiheit genommen haben, können sie mir mein Herz nicht nehmen. Ich liebe diesen Mann bis über den Tod hinaus und ich vermisse ihn schrecklich!« Krystyna nickt und flüstert: »Ich weiß, meine Liebe, ich weiß. Aber was uns bleibt, ist die Gewissheit, dass wir im Recht sind und die da draußen vor unserer Zellentür, im Unrecht.« Maria weint noch eine ganze Weile. Irgendwann hat sie keine Tränen mehr, sie ist erschöpft. Langsam, mit rotem Gesicht und verschwollenen Augen, setzt sie sich auf.

»Weißt du, was das Schlimmste für mich ist?«, fragt sie und schaut ihre Freundin mit verweinten Augen an. Krystyna schüttelt leicht den Kopf.

»Dass ich ihn nicht heiraten durfte.« Sie schluchzt auf, dann fährt sie mit gebrochener Stimme fort: »Erst haben sie mir meine Ehre genommen, mir als Halbjüdin verboten, den Mann zu heiraten, den ich liebe, und nun haben sie ihm sein Leben genommen. Und unseres werden sie uns auch nehmen.«

Krystyna legt einen Arm um Marias Schulter. Sanft zieht sie ihre Freundin an sich. Seit die beiden jungen Frauen durch den Brief eines Freundes über die Hinrichtung von Marias Verlobten informiert worden waren, ist es spürbar dunkler in der engen Zelle geworden. Maria, die trotz ihres Todesurteils immer den Kopf oben behalten und die Hoffnung nie aufgegeben hat, war bei dieser Nachricht förmlich zusammengebrochen. Alles konnte sie ertragen, sogar ihren eigenen Tod, aber den Tod ihres Verlobten, ihres Seelenpartners, war mehr als sie zu ertragen vermochte. Da half ihr auch das Lesen in der Bibel nicht mehr.

»Maria«, sagt Krystyna, »vielleicht nimmt Hitler dein Gnadengesuch an und du kommst frei.« Ihre Freundin hebt mit einem Ruck ihren Kopf und schaut ihre Freundin fast schon böse an.

»Wie lange«, fragt Maria, »wie lange kennst du mich jetzt schon?«

»Um ehrlich zu sein«, erwidert Krystyna und lächelt schief, »kennen wir uns nicht sehr lange. Falls es dir entgangen sein sollte, sitzen wir erst seit einigen Wochen in derselben Zelle.«

»Jaja, das weiß ich ja«, unterbricht ihre Freundin sie ungeduldig. »Eigentlich meinte ich, dass du mich mittlerweile gut genug kennen müsstest, um zu wissen, dass mir ein erfolgreiches Gnadengesuch nichts mehr bringen würde. Ohne Helmut ist mein Leben sinnlos.«

»Das weiß ich wohl, ich habe nur versucht, dich zu trösten«, sagt Krystyna. Maria lächelt schwach und starrt die Wand an, an der viele Frauen vor ihnen Inschriften hineingekratzt haben. Sie war förmlich übersät mit Namen, Sprüchen, Daten und kleinen Botschaften. Fast wie Narben sah es aus, Narben auf der Wand.

Beide Frauen kannten sie bereits auswendig und oft schon hatten sie gemeinsam darüber spekuliert, was aus den Frauen geworden war. Waren sie entlassen worden? Waren sie mit dem Leben davongekommen oder waren sie getötet worden? Schon zu Beginn ihrer Zeit in dieser grauen und kalten Zelle, hatten sie selbst auch etwas in die Wand geritzt. Marias Spruch war ein hoffnungsvoller gewesen und wie zum Hohn leuchtet er ihr jetzt entgegen. Es gibt keine Hoffnung mehr für sie, das spiegelt sich auf ihrem verweinten Gesicht. Ihr Verlobter ist nicht mehr am Leben und mit seinem Tod ist auch ein Teil ihres Herzens gestorben.

»Würde es doch nur aufhören zu schlagen!«, schluchzt sie leise und Krystyna versteht. »Wie schön wäre es, wenn ich morgens einfach nicht mehr aufwachen würde. Aber so läuft das nicht im Leben. Ich bin nun schon mehr als ein halbes Jahr hier im Gefängnis und die Zeit verläuft quälend langsam und doch viel zu schnell.«

Vor fünf Monaten waren Maria und ihr Verlobter wegen Hochverrats zum Tode verurteilt worden und nun war das Urteil an ihrem Geliebten vollzogen worden. Viele ihrer Freunde sind schon vor Monaten hingerichtet worden.

»Schau mal«, reißt Krystyna ihre Freundin plötzlich aus ihren trüben Gedanken, »wie schön der ist!« Sie streckt einen Arm aus und deutet aus dem Fenster. Maria folgt mit ihren Augen der Geste und entdeckt einen Falken, der draußen auf einer Eiche sitzt.

»In der Tat«, sagt sie, »er ist wunderschön! Und er ist frei! Er kann hinfliegen, wohin er will! Wäre es nicht wunderbar, wenn wir neben ihm sitzen könnten, dort oben?«

»Und gemeinsam mit ihm fortzufliegen«, flüstert Krystyna, »einfach die Flügel ausbreiten, sich aufschwingen in luftige Höhen und davonfliegen. In die Freiheit!«

»Das wäre wirklich wunderschön!«, erwidert Maria. Nach einer Weile dreht sie sich entschlossen vom Fenster weg. Mühsam findet sie die nächsten Worte: »Selbst wenn ich davonfliegen könnte, die Welt da draußen wäre nicht mehr dieselbe. Viele meiner Freunde und auch Mitglieder meiner Familie haben ihr Leben gelassen. Auch wäre es eine Welt, in der ich vielen Menschen nicht mehr ins Gesicht schauen möchte, denn diese haben geschwiegen, sind mitgelaufen und laufen noch immer mit. Nein, es ist vorbei.« Krystyna drückt Maria fester an sich und schaut sie mitfühlend an.

»Es ist nur eine Frage der Zeit, bis sich auch für mich diese Zellentür ein letztes Mal öffnet«, fährt Maria fort, »aber nun, da Helmut nicht mehr lebt, ist es mir egal, dass ich sterbe. Mein Leben ist jetzt sowieso schon vorbei.«

»Sag doch so etwas nicht, wir dürfen die Hoffnung nicht aufgeben. Auch nicht im Angesicht des Todes«, beschwört Krystina sie.

»Hast du mir gerade nicht zugehört?«, fragt Maria ihre Freundin fast zornig.

»Doch«, antwortet Krystyna leise, »das habe ich. Aber ich will noch nicht sterben. Ich will leben und Kinder haben. Ich möchte eine Zukunft haben, ich möchte den Frieden kommen sehen, ich möchte wieder blauen Himmel über mir sehen und frisches Gras unter den Füßen spüren. Es gibt noch so viel, was ich erleben möchte.«

Maria erwidert nun die Umarmung ihrer Freundin. Obwohl sich beide Frauen erst seit wenigen Wochen kennen, verbindet sie eine tiefe Freundschaft. Und nicht nur das. Darüber hinaus haben beide die gleiche Aufgabe im Leben gesehen: Den Widerstand gegen das Hitlerregime. Genau wie Maria hatte auch Krystyna zu den Verbrechen des Regimes nicht schweigen und tatenlos zusehen können.

»Ich kann dich verstehen«, sagt Maria und versucht nun ihrerseits ihre Freundin zu trösten und aufzurichten, »ich habe mir auch immer eine Familie mit Helmut gewünscht;

Kinder großwerden zu sehen und gemeinsam alt zu werden, das war mein Herzenswunsch.« Krystyna nickt.

»Mir scheint«, fährt Maria fort und heftet den Blick gegen die graue Zellenwand, »dass alles umsonst war.«

»Wie meinst du das?«, fragt ihre Freundin.

»Nun ja, was haben wir denn erreicht, außer dass wir hier sitzen und auf unseren Tod warten?« Trocken lacht sie auf. »Ich sage es dir, wir haben gar nichts erreicht, überhaupt nichts. Wir haben die Menschen, die wir lieben, in Gefahr gebracht, uns unserer Zukunft beraubt und uns einen grauenvollen Tod gesichert.«

Krystyna versteift sich, dann befreit sie sich aus der Umarmung und schüttelt Maria. »Bist du nicht ganz bei Trost? Wir haben unglaublich viel erreicht! Wir haben Menschen aufgerüttelt, sind wachsam gewesen, haben uns gegen die verdammte Gleichschaltung des Geistes gewehrt. Wir sind aufgestanden, als andere sitzengeblieben sind, wir haben Stärke gezeigt!«

»Aber zu welchem Preis?«, Maria schaut sie mit leeren Augen an. »Zu welchem Preis, sag es mir, Krystyna.«

Krystynas Wangen werden rot, fleckig vor unterdrückter Wut, sie schlägt mit der Faust gegen die Zellenwand und mit funkelnden Augen sagt sie: »Wir haben immer gewusst, dass wir gefährlich handeln und leben. Wir haben für unsere Sache, für eine gute Sache eingestanden. Man kann nicht immer nur ja sagen und alles abnicken, was an Grausamkeiten vor unseren Augen passiert. Wenn ich sterbe, dann ist zumindest mein Leben etwas wert gewesen und ich kann mit gutem Gefühl meinem Schöpfer gegenübertreten. Unser Leben ist nicht wertlos. Und auch der

Tod deines Verlobten war nicht umsonst! Im Gegenteil, es ist tausendmal mehr wert, für eine gerechte Sache zu sterben, als für eine ungerechte zu leben. Hättest du tatsächlich anders gehandelt? Das hättest du nicht, lüg nicht, denn das weißt du so gut wie ich.«

»Nein«, gibt Maria zu, »das hätte ich nicht, das hätte ich nicht können …«

»Deshalb bist du im Widerstand gelandet!« Krystynas Atem geht schwer. Eindringlich sieht sie ihre Freundin an. Maria nickt schließlich leicht. »Ich wollte den Menschen die Augen öffnen, ich wollte für Deutschland einstehen, für mein Vaterland, für das Land, das ich liebe.«

»Siehst du«, seufzt Krystyna, »es ist nicht schwer, durch die Trauer und Traurigkeit hindurch die Motive für unser Handeln zu entdecken!«

Eine Weile ist es still in der engen Zelle. Jede der beiden Frauen hängt ihren eigenen Gedanken nach. »Hast du wirklich das Gefühl, nichts erreicht zu haben?«, fragt Krystina nach einer Weile. »Denk doch an all die Menschen, in denen du etwas bewegt hast!«

»Ich habe doch aber nichts geschrieben oder veröffentlicht«, antwortet Maria, »ich selbst habe keine Flugschriften verfasst.«

»Völlig egal«, fällt ihr die Freundin ins Wort, »du warst dabei, das zählt. Du hast die Flugschriften von Schulze-Boysen abgetippt und verteilt, du hast Klebezettel mit regimekritischen Inhalten und den Predigten von Bischof von Galen an Theaterfassaden, Geschäfte und Wohnhäuser geklebt, du hast zur Gehorsamsverweigerung gegenüber NS-Vertretern aufgerufen und du hast Verfolgten geholfen und Lebensmittelkarten an Bedürftige weitergegeben. Ist das etwa nichts?«

Maria seufzt wieder.

»Meine Güte«, schimpft Krystyna, »wie kann man nur so blind für seine eigenen guten Taten sein?! Maria, ja, wir sind beide zum Tode verurteilt, viele unserer Mitstreiter sind schon von den Nazis umgebracht worden und wir werden sehr wahrscheinlich auch bald in den Tod gehen. Aber unser Leben war nicht umsonst. Wir waren keine Lemminge, die einfach der Gruppe gefolgt sind, wir haben immer selber gedacht und uns eine Meinung gebildet. Propaganda hat bei uns nur den Willen zum aktiven Widerstand geweckt und immer wieder gestärkt. Und auch Helmut hat daran geglaubt. Mach mit deinen Zweifeln und deiner blinden Trauer seine Taten nicht zunichte!

Du weißt, ich bin Polin und ich habe aus anderen Gründen im Widerstand gekämpft als du. Mir wurde meine Heimat genommen, meine Familie wurde vertrieben und ich hatte in meinem Land keine Zukunft mehr. Aber Widerstand ist Widerstand, wir hatten dasselbe Ziel, nämlich die Menschen wachzurütteln, sie auf die Verbrechen des Hitler-Regimes hinzuweisen.«

Krystyna steht auf und läuft aufgewühlt in der Zelle hin und her. »Jetzt steck den Kopf nicht in den Sand«, sagt sie mit einem Blick zu ihrer Freundin, »du warst bisher so aufrecht und hast dich von den Nazis nicht kleinkriegen lassen. Jetzt darfst du den Mut nicht verlieren, auch wenn Helmut tot ist, du lebst noch. Und alles vor dem Tod ist Leben. Verstehst du, was ich meine?«

Bei den letzten Worten geht sie auf Maria zu, zieht sie

von der Pritsche hoch und schüttelt sie noch einmal heftig. »Du darfst mich jetzt nicht hier allein lassen, sonst werde ich verrückt, bitte Maria!«

Krystyna lässt sich erschöpft auf die Pritsche fallen, Tränen steigen ihr in die Augen. Maria richtet sich auf und setzt sich neben sie. Sanft fasst sie ihre Freundin an der Schulter. »Es ist gut Krystyna, ich werde nicht aufgeben. Du hast in allem recht, wir haben etwas erreicht, wir haben nicht tatenlos zugesehen, wie ein ganzes Land vor die Hunde geht. Auch wenn wir alles verloren haben, was uns lieb und teuer ist, haben wir recht gehandelt. Wir haben Flagge gezeigt, die Gräueltaten der Nazis aufgezeigt und die Kunde davon überall verteilt. Wir haben unser Möglichstes getan, nun sind andere an der Reihe aufzustehen und für ihr Land, für ihre Familie, für ihre Freunde und für die Freiheit einzustehen.«

Maria umarmt ihre Freundin. Seite an Seite sitzen sie dort, an die vollgeschriebene Wand gelehnt, und weinen. Es sind Tränen der Hoffnungslosigkeit und Angst aber auch Tränen der Freundschaft, des Mutes und nicht zuletzt der wiederkehrenden Hoffnung.

DER FALKE *stößt einen Schrei aus. Er wendet sich ab. Trauer nimmt er mit, aber auch Hoffnung. Er breitet die Flügel aus und stößt sich kraftvoll von dem Ast ab. Der Wind rauscht unter seinen Flügeln, als er noch einmal über dem Innenhof kreist. Dann steigt er höher, überfliegt den Alexanderplatz und macht sich auf den Weg zu seinem neuen Ziel. Es wird eine weite Reise werden.*

STECKBRIEF: MARIA TERWIEL

1910   Geburt in Boppard, ihre Mutter ist Jüdin

1931   Abitur in Stettin

1931–35   Jurastudium in Freiburg und München; nach Inkrafttre-
          ten der Nürnberger Gesetze Abbruch des Studiums und
          Rückkehr nach Berlin – erste Kontakte mit der Wider-
          standsgruppe »Rote Kapelle«

1941–42   Abschrift und Vervielfältigung einer Flugschrift von
          Harro Schulze-Boysen

1942   Im Mai Klebezettelaktion, unter anderem Verbreitung
          der von Galen-Predigten

1942   Im September Festnahme durch die Gestapo

1943   Im Januar Verurteilung zum Tod

          Im Mai Hinrichtung von Helmut Himpel durch das Fallbeil

          Im August Hinrichtung von Maria Terwiel durch das Fall-
          beil nach Ablehnung eines Gnadengesuches durch Adolf
          Hitler

1944   Im Juni Hinrichtung von Krystyna Wituska durch das
          Fallbeil

2012   Einweihung eines Stolpersteins in Berlin in der Liet-
          zenburgerstr. 72 vor dem Haus, in dem sie mit ihrem
          Verlobten Helmut Himpel gelebt hat; in einigen Städten
          in Deutschland sind Straßen nach ihr benannt worden.

WISSENSWERTES Maria Terwiel war Halbjüdin und ging, nachdem sie ihr Studium nach Inkrafttreten der Nürnberger Rassegesetze abgebrochen hatte, mit ihrem Verlobten Helmut Himpel nach Berlin. Maria Terwiel fand eine Arbeitsstelle in einem ausländischen Textilunternehmen, während ihr Verlobter eine Zahnarztpraxis eröffnete. Bald darauf bekamen sie Kontakt zur Roten Kapelle, einer Widerstandsbewegung gegen das NS-Regime, die sich Mitte der 30er Jahre in Berlin gebildet hatte. Maria beteiligte sich an der Verbreitung von Flugblättern und Klebezetteln mit regimekritischen Inhalten aber auch an der Verbreitung der kritischen Predigten des Bischofs von Galen. Sie half beim Verstecken von geflüchteten Juden und sammelte Lebensmittelmarken für Menschen, die untergetaucht waren. Die Flugschrift »Die Sorge um Deutschlands Zukunft geht durch das Volk«, von Harro Schulze-Boysen verfasst, wurde von Maria Terwiel auf der Schreibmaschine abgetippt. Nach der Vervielfältigung half sie, diese an ausgesuchte Adressen im ganzen Reich zu versenden. Nach ihrer Verhaftung und ihrer Verurteilung zum Tod blieb sie aufrecht und stand die Drangsalierungen im Gefängnis durch. Einzig der Tod ihres Verlobten traf sie sehr. Mit Krystyna Wituska, einer polnischen Widerstandskämpferin, teilte sie einige Wochen ihre Zelle im »Roten Bunker«, dem Polizeigefängnis Alexanderplatz.

ÜBRIGENS: Bischof von Galen ist mit seinen kritischen Predigten, die sich unter anderem gegen das Euthanasie-Programm der Nazis wendeten, als Löwe von Münster bekannt geworden.

MUTTER TERESA:
Zugfahrt nach Darjeeling

»Der Herr hat einen Plan für mich, für mein Leben ... Ich werde
auf die Straßen gehen, raus aus meinem behaglichen Umfeld
der Schule, und den Armen helfen, ihnen Nahrung, Kleidung
und Liebe schenken.«

DER FALKE *sitzt auf dem Tempel des Ganesha. Von hier hat
er einen guten Blick in die Straßen und Gassen der Stadt. Frau-
en tragen bunte Saris, Männer weiße Dhotis und Kurtas. Es
geht laut und turbulent auf den Straßen zu. Viel Elend ist zu
sehen. Der Falke schaut hinüber zum Bahnhof. Sein Blick fällt
auf eine kleine Frau in Ordenstracht, die sich ihren Weg durchs
Getümmel bahnt. Endlich kann sie einsteigen. Der Zug fährt
los. Lautlos schüttelt der Falke sein Gefieder, stößt sich ab und
folgt dem Zug.*

Ich steige in den völlig überfüllten Zug und bin jetzt schon
schlecht gelaunt, denn ich weiß, was mich erwartet. Ich
muss mich an einem Sitz festhalten, als der Zug mit einem

Ruck loszockelt. Wie immer reise ich in der dritten Klasse. Aus Prinzip. Aber gefallen tut es mir eigentlich nicht. Die Abteile hier sind völlig überfüllt. Als ich endlich einen freien Platz gefunden habe, sitze ich eingequetscht neben Frauen, die lautstark mit ihren Kindern schimpfen, und gackernden Hühnern in kleinen Holzkäfigen. Also alles wie immer. Die Fahrt in den Norden wird fast zwei Tage dauern. Zwei Tage in der Enge und vor allem in der Hitze. Manchmal frage ich mich wirklich, warum ich nicht in Skopje geblieben bin. War es dort nicht schön? Meine Familie wäre um mich herum und ich würde nicht immer dieses entsetzliche Heimweh nach ihnen mit mir herumtragen.

Wie bin ich eigentlich auf diese merkwürdige Idee gekommen, Missionsschwester in Indien zu werden? Wieso hat mich meine Familie nicht davon abgehalten? Naja, müßig, darüber nachzudenken. Ich war und bin halt ein Starrkopf. Was ich mir in den Kopf setze, das führe ich durch und vor allem zu Ende. Aber Indien ist nach all der Zeit noch immer eine tägliche Herausforderung. Obwohl ich schon so viele Jahre hier lebe, bin ich noch immer nicht richtig angekommen. Die feuchtschwüle Luft bereitet mir noch genauso Probleme beim Atmen wie schon zu Beginn meiner Zeit hier. Auch ist mir nicht egal wie die Leute auf der Straße in ihrem Elend einfach so sterben. Vielleicht muss es einem egal sein, um hier überleben zu können. Aber so abgestumpft möchte ich niemals sein. Nie im Leben!

Es ist so furchtbar, dass hier der Einzelne gar nicht zählt. Oder nur, wenn er gesund ist, wenn er seinen Teil zur Gesellschaft beitragen kann. Sobald er aber erkrankt und nicht mehr arbeiten kann, fällt er aus allem heraus. Ganz schlimm ergeht es den Leprakranken. Sie sind praktisch unsichtbar für die Gesellschaft, sie werden nirgendwo ärztlich versorgt oder betreut. Ausgestoßene, Alleingelassene. Sie werden einfach so im Straßengraben liegengelassen. Wie Müll. Wie Dreck. Und den sieht hier keiner mehr. Aber so will ich nicht sein. Die Armen und Kranken werden mir niemals egal sein.

Die Frau vor mir ist eingeschlafen und fängt an zu schnarchen. Das kleine Kind, das sie zu ihren Füßen auf dem Boden sitzen hat, pinkelt. Auf den Boden. Halleluja! Aber so ist das hier. Die Kinder tragen keine Windeln und je nach Alter des Kindes und Stand der Familie auch keine Kleidung. Das mit den Kasten ist auch so etwas, dass ich nicht wirklich verstehe. Von den Brahmanen geht es runter bis zu den Unberührbaren. Das ist ein jahrhundertealtes Prinzip der gesellschaftlichen Ordnung. Aber wer will denn so leben? Das Schlimmste ist, dass sich jeder in sein Schicksal fügt. Der Platz, der ihm von Geburt an zugewiesen wurde, wird von den allermeisten klaglos angenommen. Bis zum bitteren Ende. Vielleicht ist es auch richtig so. Die Menschen hier nehmen ihr Geschick an und scheinen in diesem, ihnen möglichen Lebensrahmen, zufrieden zu sein. Kurz gesagt: sie hinterfragen nicht, sie leben einfach. Sie gehen völlig im Lebensentwurf des Hinduismus auf und beten voller Inbrunst ihre vielen Götter an. Von Ganesha über Kali zu Shiva oder Rama. Für alle Gegebenheiten des Lebens gibt es eine Gottheit. Von Tag zu Tag. Und was tue ich? Ich quäle mich. Immer und immer wieder und stelle mir Fragen nach dem Wohin, nach dem Woher. Ich bin mir sicher, dass ich meinen Platz im Leben noch nicht so richtig gefunden habe. Es schmerzt mich sehr, mir das einzugestehen. Aber so ist es.

Sicher, ich bin hier in Indien und unterrichte bengalische Mädchen in Geschichte und vielem anderen mehr. Aber da muss doch noch mehr kommen, das kann nicht alles gewesen sein. Dafür soll ich meine Familie in Skopje zurückgelassen haben? Wo ist da der Sinn? Gibt es überhaupt einen Sinn im Leben, gibt es einen Gott, der alles lenkt, der uns auf den richtigen Pfad des Lebens führt? Ich war Christin, ich bin Christin, ich habe immer an Gott geglaubt und an Jesus Christus. Aber manchmal frage ich mich ernsthaft, ob ich das überhaupt noch tue. Es scheint irgendwie in den Hintergrund gerückt zu sein.

In Skopje und auch später in Irland, da war es einfach, an Gott zu glauben. Ich fühlte mich so sehr berufen, für ein Leben mit Gott. Doch jetzt fühle ich in mir manchmal nur eine große Leere; wo Christus zuhause sein müsste, fühle ich oft nur ein großes schwarzes Loch. Vielleicht ist es das Grauen, das sich jeden Tag vor der Haustür unserer Schule abspielt. Die Gewaltausschreitungen, die Armut, das Leid und die vielen verkrüppelten Kinder. Ich weiß warum sie so schrecklich verkrüppelt sind. Es ist keine Laune der Natur, sondern es sind ihre eigenen Eltern, die die kleinen Würmchen unter Tränen auf die Bahngleise legen, damit die Züge ihren Kindern Arme oder Beine abtrennen. Als Krüppel können sie betteln gehen und so ihren Teil zur Familienernährung beitragen.

Manchmal kommt mir ein erschreckender Gedanke: Habe ich bei all dem Leid, das ich sehe, das ich erlebe, das ich fühle, schmecke, meinen Glauben verloren? Meine Hoffnung auf die Liebe Gottes? Es ist schrecklich, und ich kann es auch keinem Menschen sagen, aber ich frage mich manchmal ernsthaft, ob es Gott überhaupt gibt, geben kann. Bei all dem Leid um mich herum verliere ich wohl manchmal den Überblick. Oh ja, in meiner Schule ist alles gut und geordnet, aber sobald ich das Schultor hinter mir lasse, tauche ich in eine andere Welt ein, die manchmal verstörend und schrecklich ist. Wie kann Gott so ein Elend zulassen? Oder geht es wirklich um Sühne? Das Leid annehmen als ersten Schritt, um in den Himmel zu kommen. Oder bin ich zu anspruchsvoll, fordere ich Dinge von Gott, die er gar nicht geben kann? Liegt es an mir? Lasse ich vielleicht auch die Menschen rechts und links liegen?

Diese Gedanken sind so ermüdend, dass ich darüber einschlafe. Als der Schaffner mich unsanft an der Schulter rüttelt und nach der Fahrkarte fragt, bin ich erst verwirrt. Ich muss eine ganze Zeit geschlafen haben. Wo vorher das kleine Kind auf dem Boden gesessen hat, zeugt nur noch ein dunkler, eingetrockneter Fleck von seiner hinterlassenen Pfütze. Mutter und Kind scheinen ausgestiegen zu sein. Ich habe nun etwas mehr Platz und bevor die Dämmerung einsetzt, möchte ich in meiner Bibel lesen.

Zu sehr drücken noch meine trüben Gedanken wie ein Schatten auf meine Seele. Ich brauche Trost, ich brauche Rat. Ich schlage das Markusevangelium auf und beginne zu lesen. Dabei werde ich immer wieder gestört, da mich ein- und aussteigende Reisende anrempeln. Es ist mühsam, immer wieder die richtige Zeile zu finden. Doch ich bleibe hartnäckig. Irgendetwas geschieht da in mir. Eine Unruhe, die sich in mir breitmacht. Ich muss diese Zeilen lesen, denke ich, ich muss … Nach einigen Sätzen durchzuckt es mich plötzlich und ich rufe laut: »Ja, das ist es! Das und nichts anderes!«

Mein Gegenüber schaut mich irritiert an. Schnell senke ich den Kopf und lese die Stelle erneut. Da steht es schwarz auf weiß. Warum ist es mir nicht früher aufgefallen? Wie konnte ich so blind sein?! Ich klemme mir die Bibel zwischen die Knie und falte meine Hände zum Gebet. Noch nie war ich dankbarer als jetzt. Es ist das langersehnte Zeichen, das ich so sehr erwartet habe. Die Antwort auf alles. Dort, im Markusevangelium, steht es: Ich soll den Hungrigen zu essen geben, den Durstigen zu trinken und den Nackten Kleidung. Kann es denn so einfach sein? In meinem Herzen spüre ich tiefe Wärme aufsteigen, die Unruhe vergeht. Wie hatte ich mich danach gesehnt, endlich wieder Liebe und Wärme dort zu spüren, wo ich seit langer Zeit immer wieder nur Dunkelheit und Hader gefühlt habe. Es ist ein Wunder. Ich fühle mich reich beschenkt und tief berührt.

Das ist es also, das werde ich machen. Der Herr hat einen Plan für mich, für mein Leben, er hat mich durch diese Worte gerufen. Ich werde auf die Straßen gehen, raus aus meinem behaglichen Umfeld der Schule und den Armen helfen, ihnen Nahrung, Kleidung und Liebe schenken. Endlich geht es weiter in meinem Leben, es geht vorwärts. Ach, es fühlt sich ganz wunderbar an. Meine Gedanken sind wie beflügelt und ich kann jetzt nicht mehr weiterlesen. Eine neue Unruhe ergreift von mir Besitz, aber dieses Mal ist sie anders, geheiligt.

Schnell packe ich meine Bibel in meine Tasche. Ich schaue aus dem Fenster und male mir aus, wie ich es anstellen werde, den Armen zu helfen. Es wird sicher nicht leicht werden, aber jetzt, da ich weiß, wo mein Lebenspfad entlangführt, werde ich auch einen Weg finden, ihn gehen zu können. Ich werde es anpacken. Den Armen und Kranken werde ich helfen, für sie da sein, wenn keiner mehr für sie da ist.

Ja und auch den Leprakranken werde ich helfen, vor allem diesen armen und verlassenen Geschöpfen, da bin ich mir sicher, denn sie sind die Ärmsten der Armen. Keiner kümmert sich um sie, keiner redet mit ihnen. Aber ich werde mich um sie kümmern, ich werde mit ihnen reden, ich werde ihnen eine Stimme geben. Und was vielleicht noch wichtiger ist, ich werde ihnen zuhören. Und ja, noch besser, ich werde eine Leprastation aufbauen. Einen Ort, an dem sie leben können und dürfen, an dem sie behandelt, gepflegt und vielleicht sogar geheilt werden können. In diesem Moment, in einem überfüllten Zug, mit einer eingetrockneten Pfütze unter den Füßen und der Bibel auf dem Schoß, ändert sich mein ganzes Leben, kehrt der Glaube zurück, das spüre ich ganz deutlich. Das ist mein Weg und ich werde ihn gehen, so wahr mir Gott helfe.

***

DER FALKE *kreist ein letztes Mal über dem Zug, wirft einen letzten Blick auf die kleine Frau am Fenster. Dann dreht er ab, denn er hat ein neues Ziel.*

STECKBRIEF: MUTTER TERESA
(ANJEZË GONXHE BOJAXHIU)

1910	Geburt in Skopje (heutiges Mazedonien)
1928	Reise nach Irland zum Orden der Loreto-Schwestern
1929	Noviziat in Nordindien, Lehrerin
1937	Ablegung der Gelübde, Rektorin der St. Mary´s School, Bengali
1942-43	Bengalische Hungersnot mit Millionen Toten
1939-45	Zweiter Weltkrieg: Umzug der Schule in ein anderes Gebäude
1946	Berufungserlebnis im Zug nach Darjeeling
1947	Unabhängigkeitserklärung Indiens – Ende der britischen Kolonialherrschaft
1948	Ermordung Mahatma Gandhis – Teresa wird außerhalb des Ordens tätig
1950	Bestätigung des Ordens der Missionarinnen der Nächstenliebe durch Papst Pius XII.
1953	Einzug in das Mutterhaus in Kalkutta
1954/55	Erstes Sterbehaus / erstes Kinderhaus
1957	Erste mobile Leprastation
1962	Eröffnung: Leprastation Shanti Nagar
1960	Beginn der weltweiten Tätigkeit
1979	Friedensnobelpreis
1997	Sie stirbt in Kalkutta – Staatsbegräbnis
2003	Seligsprechung durch Papst Johannes Paul II.
2007	Veröffentlichung ihrer Tagebuchaufzeichnungen
2016	Heiligsprechung durch Papst Franziskus

WISSENSWERTES Im Zuge der Seligsprechung von Mutter Teresa 2003 kamen Einzelheiten über sie ans Licht, die bis dahin nur wenigen ihrer Vertrauten bekannt waren. Mutter Teresa selbst soll dafür gesorgt haben, dass viele ihrer privaten Aufzeichnungen und Briefe nach ihrem Tod verbrannt wurden. Sie soll zeit ihres Lebens an Depressionen gelitten und an ihrem Glauben gezweifelt haben. Außerdem wurden Vorwürfe bezüglich der Hygiene in ihren Einrichtungen laut. Moderne, medizinische Geräte wurden bewusst nicht eingesetzt, in Kinderheimen soll es zu Unregelmäßigkeiten bei den Adoptionen gekommen, Spendengelder in Millionenhöhe nicht registriert an den Vatikan weitergeleitet, schmerzstillende Medikamente nur sehr sparsam eingesetzt worden sein. Kritik erhielt sie auch für ihre scharfen Worte zum Thema Verhütung und Abtreibung. Im Vordergrund ihrer Arbeit stünde die Mission, nicht die Heilung. Trotz der vielen kontrovers geführten Diskussionen um Mutter Teresa und trotz der vielen Kritikpunkte, die man ihr vorwirft, bleibt bestehen, dass Mutter Teresa ein großes Werk hinterlassen hat. Ordensmitglieder und Freiwillige auf der ganzen Welt helfen in den unterschiedlichsten Einrichtungen täglich tausenden von Menschen.

ÜBRIGENS: Zeitgleich mit Mutter Teresa lebte Astrid Lindgren, die 1941 die Geschichte von Pippi Langstrumpf geschrieben hat. Nur wenige Tage vor Mutter Teresa starb Lady Di, die britische Kronprinzessin.

RUTH PFAU:
Heilung für die Leprakranken

»Nur mit Liebe können wir unsere Zukunft gestalten,
damit sie für alle lebenswerter wird.«

MIT KRÄFTIGEN *Flügelschlägen überquert der Falke das Satpuragebirge. Es war eine weite Reise bis hierher. Als er endlich den Indus überquert, tauchen kurze Zeit später in der Ferne einige Maulbeerbäume auf. Eine Staubwolke kündigt die Ankunft eines Fahrzeugs an. Geräuschlos landet der Falke auf dem höchsten Ast und wartet. Er hat sein letztes Ziel erreicht.*

Meine liebe Freundin,
ich bin so froh, dass wir nach all den Jahren noch immer in Kontakt sind. Das Wissen, dir alles schreiben zu können, was mich bewegt, was mich umtreibt, macht mich glücklich. Es tut so gut, jemandem von meinem Alltag und meinen Erlebnissen berichten zu können. Das wollte ich dir schon lange einmal sagen. Nun weißt du es also.

Hatte ich dir eigentlich schon von Jati erzählt? Vielleicht hast du aber auch schon in den Nachrichten etwas von dieser Stadt, bzw. dieser Region gehört. Jati war von der Flutkatastrophe im letzten Jahr schwer getroffen worden. Außerhalb von Jati leben die Haris, landlose Bauern. Schon seit langem geht mir ihr Schicksal sehr nah. Sie pachten das Land der Großgrundbesitzer und müssen von ihrer Ernte ein Drittel an diese abgeben.

Ja, ganz richtig, ich weiß was du jetzt denkst: Es sind Leibeigene. Sie sind meistens mit hohen Schulden belastet, die sie niemals in ihrem Leben zurückzahlen können. Nach ihrem Tod gehen diese auf ihre Kinder über. Und so weiter und so weiter. Saatgut, Dünger, das alles müssen sie von den reichen Grundbesitzern kaufen, meist zu Wucherzinsen. Mir stößt es schon lange sauer auf, wie sich diese an der Armut der Kleinsten und Ärmsten schamlos bereichern. Die Großgrundbesitzer zählen zu den reichsten Menschen hier in Pakistan.

Natürlich sehe ich hier jeden Tag Leid und Armut, aber die Haris hatten schon immer einen besonderen Platz in meinem Herzen. Als letztes Jahr der Damm am Indus durch die starken Regenfälle zerstört wurde und es zu der schlimmsten Flutkatastrophe der letzten 90 Jahre kam, haben sie alles, aber wirklich alles verloren. Bis auf ihr Leben. Auf Anfrage erhielten wir Geld von der Stiftung und konnten die Haris beim Wiederaufbau finanziell unterstützen.

Heute waren wir nach längerer Zeit wieder dort, um uns den Fortschritt des Aufbaus anzuschauen und auch, um die Menschen ärztlich zu versorgen. Es ist immer eine lange Fahrt und obwohl unser Fahrer, Sahin, sich jedes Mal alle Mühe gibt, den klapprigen Jeep an den vielen Schlaglöchern vorbeizulotsen, werden wir stets ordentlich durchgeschüttelt. Es war wie immer sehr vorteilhaft, dass ich schon lange vor der Fahrt gefrühstückt hatte. Du weißt ja, wie empfindlich mein Magen ist. In solchen Momenten wird einem bewusst, dass es die kleinen, fast unscheinbaren Dinge sind, die man vermisst. In meinem Fall eine schöne, asphaltierte Straße ohne Löcher und dazu ein ordentliches und gut verzweigtes Straßennetz. Danach kann man hier lange suchen.

Die Fahrt hat heute allerdings nur etwas über zwei Stunden gedauert, da die Straßen in Karatschi menschenleer gewesen sind. Alle Geschäfte waren geschlossen und bis auf wenige Ausnahmen sind die Menschen Zuhause geblieben. In der Nacht hatte es wieder mehrere heftige Schießereien zwischen den verschiedenen Stämmen gegeben. Wir hatten es schon früh am Morgen in den Nachrichten gehört, lange vor unserem Aufbruch. Es soll über 30 Tote gegeben haben. Keine Angst, bei uns in der Klinik waren wir bisher noch immer sicher. Der Herr hat ein Auge auf uns und auf unsere Patienten. Nur unser Krankenpflegepersonal konnte teilweise nicht zum Dienst kommen, weshalb ich praktisch allein die Visite bei den Leprapatienten abgehalten habe.

Aber du kennst mich ja, das war kein Problem für mich. Es ist schon von Vorteil, wenn man in der Klinik nicht nur arbeitet, sondern auch Zuhause ist. Ja ich weiß, für dich wäre das nichts. Du brauchst Abstand zum Klinikalltag, um dich entspannen zu können. Ich aber habe kein Privatleben, wie man es sich normalerweise vorstellt. Ich lebe für meine Arbeit und bin jederzeit verfügbar. Das ist für mich kein Beruf, das ist meine Berufung. Das gibt mir Kraft, dafür lebe ich. Dafür gehe ich jeden Tag wieder das Risiko ein, in einem von Terror geschüttelten Land zu leben und nicht zu wissen, was morgen sein wird.

Aber ich schweife ab, ich wollte dir ja noch von Jati berichten. Dort ist seit dem letzten Besuch wieder ein deutlicher Fortschritt zu sehen. Häuser sind im Entstehen und Bäume wurden neu gepflanzt, denn nicht nur die Gebäude wurden von den Wassermassen verschlungen, auch die Bäume wurden entwurzelt, nur wenige haben die Flut unbeschadet überstanden. Die Haris haben von uns Geld zum Kauf von Saatgut und Dünger bekommen. Als wir in Jati ankamen, begrüßten uns bis auf wenige Ausnahmen die Frauen und Kinder herzlich. Die meisten Männer waren mit der Reisernte beschäftigt. Es war schön, die vielen Reisfelder zu sehen. Reis bedeutet Leben.

Laut Berichten soll es eine gute Ernte mit einem sehr guten Gewinn werden und deshalb planen die Haris, einen gebrauchten Traktor zu kaufen, um sich die Arbeit zu erleichtern. Das habe ich mit großer Freude gehört. Für die Zukunft planen wir außerdem den Bau einer Schule. Das bedeutet für mich nämlich das Wort Entwicklungshilfe: Wir helfen Menschen, sich zu entwickeln, das Beste aus sich herauszuholen. Wenn man erstmal den Anstoß gegeben und den Menschen Hoffnung auf ein menschenwürdigeres Leben gegeben hat, folgt der Rest oft ganz von allein.

Zuerst die Ersthilfe für den Aufbau eines Existenzminimums und dann der Aufbau von Bildungsstätten, so muss es sein, das ist ein guter Plan. Du siehst, ich kann meine Gedanken nicht abschalten. Bitte sieh es mir nach. Also weiter mit Jati: In einem bereits fertiggestellten Haus habe ich heute Visite abgehalten. Viele Frauen sind gekommen, zumeist wegen ihrer Kinder. Aber heute gab es etwas, was ich bisher nur sehr selten erlebt habe. Heute saß ein Vater mit seinem kleinen Sohn vor mir. Der Kleine mag ungefähr zwei Jahre alt gewesen sein. Sein Vater klagte, dass sein Sohn schon seit Tagen Fieber habe und er nicht mehr weiterwisse. Mit sorgenvollen Augen hat er mich angeschaut, voller Vertrauen auf Hilfe.

Es ist eine große Bestätigung für mich, wenn auch Männer mit ihren Kindern kommen. Das wäre früher nicht möglich gewesen. Du weißt ja, dass hier in der pakistanischen Gesellschaft die Frauen nur eine geringe Stellung haben. Sie sind nur für Kinder und den Haushalt zuständig. Und normalerweise sind sie es auch, die zu den Untersuchungen und Behandlungen mit ihren Kindern kommen. Als ich den Kleinen heute untersucht habe, hat der Vater ihm die ganze Zeit liebevoll über den Kopf gestreichelt. Ich weiß nicht, warum, aber das hat mich sehr berührt. Sicher weil es etwas Besonderes war.

Die Liebe schert sich nämlich nicht um Religion, Stammeszugehörigkeit oder tradiertes Verhalten. Heute jedenfalls hat mich diese Liebe eines Vaters tief ins Herz getroffen. Aus Liebe ist er aus seinem normalen Verhaltensschema ausgebrochen und zu mir gekommen, um Hilfe zu suchen. Normalerweise sitzen, wie gesagt, die Mütter vor mir, tief verhüllt in ihren bunten Dupattas und schauen scheu meiner Behandlung zu.

Natürlich würde ich neben meiner Arbeit für die Leprakranken auch sehr gerne etwas für die Frauen hier im Land tun. Aber irgendwo sind selbst mir Grenzen gesetzt. Ja, lach du nur, aber gerade im Moment spüre ich meine alten Knochen deutlich. Vielleicht sollte ich mir doch eine neue Matratze gönnen, so wie du es mir schon die ganze Zeit empfiehlst. Aber weiter geht's: In Indien glauben die Hindus ja an die Wiedergeburt. Also, wenn *ich* nochmal auf die Welt kommen sollte, würde ich mich für die Belange der Frauen hier in Pakistan einsetzen wollen. Erstaunlicherweise scheint es nicht der Islam allein zu sein, der die Wertigkeit der Frauen herabsetzt, sondern gerade hier, in meinem täglichen Umfeld, ist es sehr oft der tradierte Stammeskodex der einzelnen Familienverbände, der Frauen vieles verbietet. Die Männer leben innerhalb ihres Stammes wie in einer eigenen Welt, in der sie auch kaum Veränderung dulden. Und selbstverständlich denken sie nicht im Geringsten daran, auch nur einen kleinen Teil von ihrer bevorzugten Stellung an die Frauen abzugeben. Aber zum Glück gibt es, wie immer, Ausnahmen.

Deshalb ist es so schön, dass ich neben vielen weiblichen Krankenschwestern auch männliche Helfer gewinnen konnte. Sie machen in unserer Organisation eine zweijährige Ausbildung zum Lepraassistenten. Durch ihre regelmäßige Zusammenarbeit mit mir, also einer Frau, geht anscheinend unbemerkt ein Teil meiner Werte auf sie über und sie fangen an, ihre Einstellungen zu ändern oder zu hinterfragen, wenn sie sehen, was ich als Frau leiste. Es ist wirklich erstaunlich, aber in den meisten Fällen behandeln meine Helfer ihre Frauen nun anders, sind offener und helfen sogar manchmal in der Küche. Das ist normalerweise ein Ding der Unmöglichkeit.

Ach, da fällt mir noch eine kleine Episode ein, die ich dir noch gar nicht erzählt habe. Auf den Ämtern komme ich immer sehr schnell dran, auch wenn schon viele Männer vor mir in der Reihe warten. In Pakistan sind nämlich nur die Männer für Behördengänge zuständig und so gibt es keine Wartezimmer für Frauen. Und weil ja Männer und Frauen in fast allen Bereichen des täglichen Lebens getrennt werden, winkt man mich immer nach vorne, damit ich ganz schnell wieder das Gebäude verlassen kann. Lustig, oder? Naja, eigentlich ist das überhaupt nicht lustig, aber ich wollte es dir trotzdem erzählen. Ein Vorteil in einer eigentlich benachteiligten Situation.

Oft fällt es mir schwer, das Leben hier zu ertragen, gerade Karatschi ist in den letzten Jahren immer unsicherer geworden. Ich wollte es dir eigentlich nicht erzählen, um dich nicht zu beunruhigen, aber ich bin mehrmals vor einer Entführung gewarnt worden. Ja, auch ich lebe hier nicht hundertprozentig sicher. Aber bisher ist immer alles gutgegangen. Vielleicht habe ich mittlerweile auch einen neutralen Status, denn ich helfe *allen* Menschen und schaue nicht, welchem Stamm, welcher Religion oder welcher Nationalität sie angehören.

Als wir heute in Jati angekommen sind, habe ich gleichsam eines heimatlichen Grußes, einen Falken auf einem Baum sitzen sehen. Seine wunderschönen großen, dunklen Augen ruhten auf mir, als ich aus dem Wagen stieg. Ein kleines bisschen wurde ich das Gefühl nicht los, als hätte er auf mich gewartet. Verrückt, oder? Er war so wunderschön und die Sonne schien auf sein prachtvolles Gefieder. Irgendwie kam es mir so vor, als sei er nicht von dieser Welt. Ach, vergiss den letzten Satz. Es war einfach ein schöner Vogel, der mich an meine Heimat erinnerte. Merkwürdig nur, dass er mir zu folgen schien, als ich später mit dem Auto zurückfuhr.

Sei lieb gegrüßt
Deine Ruth

Liebe Freundin,
wie geht es dir im fernen Deutschland? Was machen deine Patienten? Bei mir im Hospital läuft alles bestens. Wir haben so wundervolle Krankenschwestern und Ärztinnen, es ist unbeschreiblich. Heute war ich an der afghanischen Grenze in einem Flüchtlingslager. Egal, was du dir vorstellt, du kommst der Wirklichkeit nicht im Entferntesten nah. Dieses Lager wird finanziell praktisch nicht von der pakistanischen Regierung unterstützt, obwohl es auf ihrem Staatsgebiet liegt. Die Menschen dort leben von der Hand in den Mund und die ganze Lage ist sehr angespannt. Die Frauen dort bekommen ein Kind nach dem anderen und die Säuglings- und Kindersterblichkeitsrate ist mangels Hygiene exorbitant hoch.

Es macht mich nach all den Jahren noch immer völlig fertig, wenn ich halbverhungerte Schwangere sehe, die zusätzlich noch einen ebenfalls unterernährten Säugling an der Brust haben. Wir tun, was wir können, aber es reicht oft nicht. Das Einzige, was wir erreicht haben, ist, dass durch unsere Arbeit, die Menschen – und hier vor allem die Frauen –, zur Behandlung kommen. Auch ist die Gewaltbereitschaft der Männer stark gesunken. Früher kam es bald jede Nacht zu irgendwelchen Gewaltaktionen, zu Mord und Totschlag durch Blutrache. Es war furchtbar. Da leben die Menschen unter dem Existenzminimum und dann tyrannisieren sie sich gegenseitig. Aber allein dass jemand ihr Leid, ihren Schmerz ernst nimmt und ihnen zuhört, hat dazu geführt, dass sie friedlicher geworden sind. Das mag in deinen Augen schwachsinnig klingen, doch das nur, weil du in einem hochzivilisierten Land lebst und nicht um dein tägliches Brot kämpfen musst. Du hast Menschen um dich herum, die dir zuhören, es gut mit dir meinen. Wenn du ein Problem hast, weißt du, an wen du dich wenden kannst. Und wenn nicht, dann gibst du dein Problem einfach in deine Suchmaschine ein. Hier ist das alles anders und die Menschen haben keine Möglichkeit, aktiv Hilfe zu suchen. Sie sind auf uns angewiesen. Ich hoffe sehr, dass die Regierung bald mal in die Gänge kommt.

Sei mir nicht böse, wenn ich mich so drastisch ausdrücke, ich wollte dir nur den Unterschied vor Augen führen, wie die Menschen hier im Kontrast zu denen in Europa leben. Vielleicht ist es auch nur meine Sehnsucht nach ein bisschen mehr Normalität. Sicher, das Leben hier in Karatschi ist mein normales Leben, aber ich meine Normalität im Sinne von Sicherheit und Planbarkeit. Du merkst sicher, das sind die Klagen einer alten Frau, nimm sie nicht allzu ernst.

Wie ist denn der Sommer bei euch in Deutschland? Wir hatten heute 45°C im Schatten und passend dazu war die Klimaanlage im Jeep ausgefallen. Ich frage mich, wieso das immer zeitgleich passieren muss. Wahrscheinlich fühlt sich so ein Brathühnchen in der Bratröhre, wie wir uns vorhin im

Jeep gefühlt haben. Aber ich sollte nicht über das deutsche Essen schreiben, denn dann bekomme ich stets einen solchen Appetit darauf, dass ich mindestens einen Tag genervt bin. Sunita tut in der Küche, was sie kann, aber es scheitert oft daran, dass wir nicht alle Zutaten bekommen und die Gewürze so anders sind. Na gut, Hähnchen ist noch zu bekommen. Vielleicht sollte ich unsere kleine Sunita morgen mal losschicken? Aber nein, für Brathähnchen ist es viel zu heiß im Moment. Wo war ich stehengeblieben?

Auf der Rückfahrt heute bin ich wieder einmal ins Grübeln gekommen. Du sagst mir zwar immer, dass ich das lassen soll, aber ich kann nicht anders. Ich habe das Gefühl, dass es im Alter noch zugenommen hat. Aber ich erlebe auch jeden Tag so viele Dinge, die mich teilweise sehr lange beschäftigen. Eines der Mädchen heute im Lager hat mich an ein anderes junges Mädchen erinnert, das ich vor vielen Jahren hier in Pakistan kennengelernt habe. Es war, wie gesagt, vor langer Zeit. Damals war Babür mein Fahrer. Ich erinnere mich deshalb noch so genau, weil die Fahrt damals einfach schauderhaft gewesen ist. Einmal wurde mir so schlecht, dass wir anhalten mussten. Wir waren auf dem Weg in entlegene Bergdörfer, um dort Leprakranken und anderen kranken Menschen zu helfen. Damals waren die Straßen noch schlechter als jetzt und wir kamen in den Bergen nur mühsam voran. Das letzte Stück mussten wir zu Fuß gehen. Manches Mal mussten mir meine Helfer über Schutt und Geröll helfen, wenn wir wieder dabei waren, ein trockenes Flussbett zu überqueren. Es gab noch keine Passstraße, so wie heute, und viele Brücken waren angesägt und als Falle angelegt.

Du weißt ja, die Blutrache ist noch sehr präsent im Denken der Menschen hier. Dort oben ist es richtig kalt gewesen und ich hatte meinen Dupatta enger um mich gewickelt. Nach einer Stunde kamen wir endlich im Dorf an. Als die ersten Dorfbewohner uns sahen, trommelten sie schnell alle Kranken zusammen, denn wir kamen nur wenige Male im Jahr in ihr entlegenes Dorf. Als wir mit den Untersuchungen und dem Verteilen von Medikamenten fertig waren, nahm mich einer meiner Assistenten zur Seite. Er flüsterte mir zu, dass etwas abseits des Dorfes noch ein Wohnhaus stand und dass dort ein leprakrankes Mädchen isoliert gehalten wurde. Natürlich fragte ich mich damals, wie du jetzt sicher auch, wieso die Eltern das Kind nicht zu uns brachten. Ich machte mich also auf den Weg.

Obwohl ich noch alles so genau vor Augen habe, bin ich fast nicht in der Lage mit Worten zu beschreiben, was ich dort vorgefunden habe. Das junge Mädchen, ihr Name war Channa, war lebendig eingemauert worden. Der kleine Verschlag hatte kein richtiges Dach und vor allem keine Tür. Also kletterte ich hinauf. Hier wirst du zu Recht denken, dass es schon sehr lange her sein muss, denn heute wäre ich dazu ja gar nicht mehr in der Lage. Als ich damals hinunterblickte, traf mich fast der Schlag. Channa war fast nackt und ganz offensichtlich war sie stark unterernährt und zitterte am ganzen Leib vor Kälte, vor Hunger, vor Entkräftung. Mit vor Schreck geweiteten Augen hatte sie zu mir hochgeschaut. Ohne nachzudenken, einfach nur handelnd, sprang ich zu ihr hinunter in das Loch. Denn mehr war es nicht, nur ein elendes kleines Loch, in das man ein Mädchen zum Sterben gesteckt hatte. Mit Tränen in den Augen habe ich sie in den Arm genommen und hin- und hergewiegt. Sie schmiegte sich wie ein verstörtes Kätzchen an mich und suchte Schutz. Ich war so voller Wut damals, denn ich fragte mich, wie es möglich war, dass Eltern ihrem eigenen Kind so etwas Grauenvolles antun konnten. Allerdings wurde mir schnell klar, dass die Eltern aus Angst gehandelt hatten. Sobald auch nur ein Familienmitglied an Lepra erkrankt, wird die ganze Familie von der Dorfgemeinschaft ausgeschlossen. Das war früher noch viel schlimmer als heute. Im Laufe der Jahre habe ich mich zunehmend gefragt, wie Gott so etwas zulassen kann. Bis heute habe ich darauf keine Antwort finden können und du weißt, dass es mich manches Mal umgetrieben hat und ich verzweifelt war. Manchmal habe ich Gott nicht mehr gespürt und es war absolut finster in mir. Oft habe ich dann wie eine ferngesteuerte Marionette gelebt. Ich habe getan, was getan werden musste, aber mich dabei absolut leer gefühlt.

Zum Glück konnte ich mich immer wieder aus diesen dunklen Gedanken herauswinden. Und heute stand dann dieses Mädchen vor mir, das mich so sehr an Channa erinnerte. Auch ihr werde ich helfen. Ich weiß, dass ich mit meiner Arbeit nicht allen Menschen in Pakistan helfen kann, aber meine Arbeit ist ein erster Schritt zu mehr Menschlichkeit und Liebe. Apropos Liebe. Mir ist schon lange klar, dass man die Menschen nur mit Liebe heilen kann. Und nur mit Liebe können wir unsere Zukunft gestalten, damit sie für alle lebenswerter wird. Channa arbeitet übrigens heute als Lepraassistentin. Durch die Medikamente damals wurde sie vollständig geheilt. Wer die Hoffnung nicht aufgibt …

Auch dieser Brief ist mal wieder sehr lang geworden, aber eines muss ich dir noch schreiben, bevor ich aufhöre: Der Falke hat mich tatsächlich begleitet, so scheint es jedenfalls, denn auch heute habe ich ihn gesehen, hoch oben auf einem Wellblechdach sitzend, mitten im Flüchtlingslager. Gerade eben so, als wolle er mein Tun, mein Handeln, meine Hoffnung auf eine neue, gute Welt mit sich nehmen. Ein schöner Gedanke.

Sei lieb gegrüßt
Deine Ruth

DER FALKE *hat mit seinen scharfen Augen gut beobachtet und erhebt sich nun von seinem Aussichtspunkt. Er schüttelt sein Gefieder, breitet danach schwungvoll seine Flügel aus und hebt ab.*

STECKBRIEF: RUTH PFAU

1929	Geburt in Leipzig
1949	Übersiedelung nach Westdeutschland und Beginn eines Medizinstudiums in Mainz
1953	Taufe in Mainz
1957	Medizinisches Staatsexamen
1957	Eintritt in den Orden »Töchter vom Herzen Mariä«, Paris
1958	Internistische Fachausbildung
1959	Gynäkologische Weiterbildung
1960	Ausreise nach Karatschi und Beginn ihrer Arbeit für Leprakranke
1961	Die Deutsche Lepra und Tuberkulose Hilfe e.V. (DAHW) ist einer der Hauptförderer der Arbeit von Ruth Pfau
1965	Beginn der offiziellen Ausbildungslehrgänge für Lepra-Assistenten
1978	Verleihung des Bundesverdienstkreuzes und der Verleihung des höchsten pakistanischen Zivilordens
1979	Ernennung zur nationalen Beraterin im Rang einer Staatssekretärin für das Lepra- und Tuberkulose- Kontrollprogramm für die pakistanische Regierung
1985	Großes Bundesverdienstkreuz mit Stern, 25-jähriges Arbeitsjubiläum
1988	Ernennung zur Ehrenbürgerin Pakistans
1996	Erstmals ist Lepra in Pakistan unter Kontrolle
2004	Verleihung der Albert-Schweitzer-Medaille in Gold
2017	Tod in Karatschi in Pakistan und Staatsbegräbnis auf dem christlichen Friedhof in Karatschi

WISSENSWERTES Ruth Pfau kam durch den frühen Tod ihres jüngeren Bruders zum Medizinstudium. Schon während ihres Studiums war sie auf der Suche nach einer sinngebenden Kraft in ihrem Leben und fand sie schließlich im Glauben. Sie ließ sich taufen und trat später in Paris in einen katholischen Orden ein. 1960 wurde sie von ihrem Orden nach Indien geschickt.

In Karatschi musste sie aufgrund eines Visumproblems einen Zwischenstopp einlegen. Von einer Mitschwester wurde sie in die Bretterbude eines Slums mitgenommen. Dort erlebte sie das Elend der Leprakranken hautnah und sie beschloss in Karatschi zu bleiben und eine Leprahilfe aufzubauen.

Als die Arbeit Früchte zeigte und die Neuerkrankungen auf ein Rekordtief sanken, begann sie zusätzlich mit ihrer Arbeit für Menschen, die an Tuberkulose erkrankt waren, sowie auch an ihrer Arbeit für behinderte Menschen. Zusätzlich setzte sie sich zeitlebens für unterschiedliche Projekte in Pakistan ein, unter anderem für die Flutopfer der Jahrhundertflut von 2010.

ÜBRIGENS: Es waren mehr als 14 Millionen Menschen von der Jahrhundertflut 2010 betroffen und mehr als 1700 Menschen kamen dabei ums Leben. Ruth Pfau war für Pakistan das, was Mutter Teresa für Indien war.

EPILOG

DER FALKE *hat viel erlebt und gesehen: Hoffnung, Mitge-fühl, Freude, Schmerz, Leid und Glück. Aber über allem Erleb-ten hat stets die Liebe wie eine zarte Hülle gelegen und sich wie ein wärmender Mantel im Winter um die Seele gelegt.*
Und Glaube war da. Glaube, etwas zu bewirken, etwas zu bewegen, der Glaube, das Richtige zu tun, Vertrauen in Gott, Hoffnung auf ein besseres Morgen.
Nun tritt der Falke seine Heimreise an. Der Wind unter den Flügeln trägt ihn sicher und schnell fort. Schon bald ist er nur noch ein winziger Punkt am Horizont.

Bibliografische Information der Deutschen Nationalbibliothek:
Die Deutsche Nationalbibliothek verzeichnet diese Publikation in der
Deutschen Nationalbibliografie; detaillierte bibliografische Daten sind im
Internet über http://dnb.d-nb.de abrufbar.

© 2021 Neukirchener Verlagsgesellschaft mbH, Neukirchen-Vluyn
Alle Rechte vorbehalten
Umschlaggestaltung: Agentur 3Kreativ, Essen, unter Verwendung
eines Bildes von © shutterstock/Angelina Bambina
Lektorat: Susanne Roll, Neuenkirchen-Vördern
DTP: Magdalene Krumbeck, Wuppertal
Verwendete Schrift: Caslon Pro
Gesamtherstellung: Finidr s.r.o.
Printed in Czech Republic

ISBN 978-3-7615-6730-2 Print
ISBN 978-3-7615-6731-9 E-Book

www.neukirchener-verlage.de

Die Reformationszeit wird lebendig

Wäre das Streitgespräch zwischen Luther und Zwingli anders verlaufen, wenn Käthe gekocht hätte? Wurde die Pest in Genf wirklich von Hexen verbreitet? Wie war es möglich, in Straßburg 2.500 Flüchtlinge aus dem Bauernkrieg unterzubringen? Nach eingehender Recherche und mit viel Einfühlungsvermögen in die damalige Zeit lässt Ursula Koch auf der Grundlage historischer Quellen die Frauen ihre Geschichten erzählen. Manches historische Ereignis erscheint so in neuem Licht. Zu Wort kommen unter anderem Käthe Luther, Katharina Melanchthon, Anna Zwingli und Katharina Zell.

Ursula Koch
Verspottet, geachtet, geliebt – die Frauen der Reformatoren
Geschichten von Mut, Anfechtung und Beharrlichkeit

gebunden,
mit Schutzumschlag,
252 Seiten
ISBN 978-3-7615-6214-7

🅱 neukirchener

Faszinierende Frauengestalten des Alten Testaments

Die Geschichte Gottes mit dem Volk Israel ist nicht nur eine Geschichte der Männer. Es ist auch eine Geschichte Gottes mit den Frauen. Im Alten Testament lesen wir davon, wie Rut Boas begegnet, wandern mit Mirjam durch die Wüste, hören das Versprechen der Hanna und danken gemeinsam mit Hagar, dem Gott Abrahams, für ihre Errettung aus der sengenden Sonne. Dieses Buch schlägt geschickt eine Brücke von der Vergangenheit in die Gegenwart und verdeutlicht, dass Gottes Geschichte mit den Frauen noch lange nicht zu Ende geschrieben ist.

Ursula Koch
Wie eine Lilie unter Dornen
Begegnungen mit
starken Frauen der Bibel

gebunden,
mit Schutzumschlag,
237 Seiten
ISBN 978-3-7615-6518-6

neukirchener

Das Besondere im Alltag entdecken

Die neuen Kurzgeschichten von Sabine Kley erzählen von Gottes Liebe, die sich so oft im alltäglichen Leben entdecken lässt. In ihren Geschichten nimmt sie die Leser mit auf eine Reise in ihre Welt und erzählt von dem, was sie erlebt hat und was ihr Mut gibt, wie von einem Spaziergang durch einen Spätwintermorgen, der den Frühling schon erahnen lässt oder berichtet von wunderschönen Sommerabenden, an denen sie einfach dankbar für die einkehrende Ruhe ist und zeigt so Gottes leisen Gruß in den kleinen Dingen des Alltags auf.
Ein bunter Strauß an Geschichten, die zum Staunen und Freuen einladen und die neue Blickwinkel öffnen.

Sabine Kley
**Für jeden Tag
ein kleines Wunder**
Geschichten aus Gottes
schöner Welt

gebunden, 158 Seiten
ISBN 978-3-7615-6522-3

neukirchener